깨달음의 기도
Silence on Fire

초판 발행	2002년 11월 25일
2쇄 발행	2010년 10월 30일
지은이	윌리엄 쉐논(William Shannon)
옮긴이	최대형
발행처	은성출판사
등록	1974년 12월 9일 제9-66호

ⓒ 2000년, 2010년 은성출판사

주소	서울시 강동구 성내동 538-9
전화	070) 8274-4404
팩스	02) 477-4405
홈페이지	http://www.eunsungpub.co.kr
전자우편	esp4404@hotmail.com

출판 및 판매에 관한 모든 권한은 본 출판사가 소유하고 있습니다.
출판사의 사전 서면 허락없이 상업적인 목적으로 번역, 재제작,
인용, 촬영, 녹음 등을 할 수 없음을 알려드립니다.

Printed in Korea
ISBN: 978-89-723-6388-x

Originally published in English under the title of Silence on Fire by William Shannon The Crossroad publishing Comany in 1991. 370 Lexington Avenue, New York, NY 10017.

Silence on Fire
Prayer of Awareness

William Shannon

CONTENTS

역자 서문 /9
저자 서문 /12
개요 /31

제1장 영성에 이르는 두 개의 길 /43

   헌신적인 영성 /46
   관상적인 영성 /56
   관상적 영성의 두 개의 기둥 /58
   전적인 의존에 대한 직관적인 통찰 /61
   두 가지 결론적인 요점 /68

제2장 하나님 현존 안에서 살아감 /75

   깨달음의 의미 /84

제3장 하나님 현존의 기쁨을 누리는 삶 /101

출애굽기 3장 /104
거룩한 이름에 대한 뜻 /105
구원하시는 현존의 의미 /109
구원과 현재의 삶 /117
언제나 구원하시는 현존 /118

제4장 하나님에 대한 깨달음에서 사람에 대한 깨달음으로 /127

하나님을 "대상"으로 삼으려는 경향 /129
살아계신 하나님 /134
관상-진행되고 있는 삶의 차원 /136
지금 이 세상에서 산다는 것 /138
돌보는 세상 /141
대화 /143
긍휼 /145
비폭력 /147

제5장 깨달음을 방해하는 것들 /159

우리 문화 안에 있는 장애물 /167
우리의 인격 구조 안에 있는 장애물 /172

제6장 깨달음에 도움이 되는 방법:
이탈, 기다림, 수용 /181

이탈 /182
기다림 /189
수용 /194

제7장 하나님에 대한 말 /205

신학자란 누구인가? /206
신학자의 한계 /207
신학자의 경험 /209
근본적인 문제 /214
유추 /214
유추가 지닌 부정적인 면 /217

긍정의 길 /219
부정의 길 /220
하나님의 이름 /223
사랑: 긍정의 길과 부정의 길을 연결하는 다리 /232
감옥에 갇힌 세례요한 /235
표준적 예언과 예수님의 성품 /236

제8장 나는 누구인가?-참된 나 찾기 /247

원복 /252
우주의 춤으로서의 원복 /253
원죄 /257
거짓 자아의 등장 /258
구원: 죽음과 부활 /260

제9장 예수 그리스도에 대한 깨달음 /269

깨달음과 기독론 /270
아리우스주의의 영향 /271
오늘날의 성경 연구와 기독론 /275
예수님의 기도 : 인간적인 경험 /275

부활과 새 생명 /277
새 생명의 공유: 그리스도로 말미암은 구원 /282
"우주의 춤"으로서의 깨달음 /283

제10장 교회: 깨달음의 사람들의 공동체 /291

많은 형제 자매들의 맏아들 /292
교회에 대한 표현 /294
믿음, 도덕, 영성 /299
교회에 주어진 선물들 /301

결론 /305

부록_ 깨달음의 기도 실천 방법 /313

역자서문

　이 번역서는 오로지 역자의 개인적인 신앙의 성향에 따라 선택되고 번역되었다. 번역하는 과정에서 많은 시간이 걸렸으며, 인간적인 갈등까지 안겨준 책이다. 몇 번 출판을 포기하려고까지 생각했었지만, "때가 찰 때까지" 인내하며 기다린 결과 이렇게 출판하게 되었다.

　여기에 더하여 어려웠던 점은 말 없는 기도에 대해 우리 개신교회 전통에서 보편적인 이해가 없다는 것이었다. 따라서 불교를 포함한 다른 종교의 고유한 언어(기독교 신앙과 상충되는 언어)를 사용하지 않고 우리에게 적절한 언어를 선택하는 것 또한 어려운 점이었다.

　또 한 가지의 어려움은 가톨릭교회의 신념이었다. 역자 개인적으로는 다른 기독교 전통에 대해서 그렇게 높은 벽을 갖고 있지 않지만, 이 책의 독자 대부분이 개신교인들이라는 점을 감안해야 한다는 생각으로 원서 중 몇 부분은 저자의 양해 없이 생략하였다. 저자가 이 책에서 말하고 있는 무척추 동물의 "갑골 동물" 현상은 우리 개신교회에도 만연해 있음을 부정할 수 없다. 더욱이 몇 가지의 예민한 교리로 인해서 부정의 영성 및 깨달음의 기도를 전적으로 부정하는 일이 없어야 한다는 생각이었다. 아마 저자 역시 나의 이러한 뜻을 이해해 주리라 생각한다. 그러나 꼭 필요한 독자들에게는 보관된 번역 자료를 드리겠다.

오늘날 개신교회의 영성은 긍정의 길의 일변도라고 해도 과언이 아닐 것이다. 긍정의 영성은 피조물을 매체로 하나님 및 그의 신비를 아는 방법이다. 그러나 매체 자체에 머물고 신앙의 대상이 될 때, 아무리 그것이 바른 신앙이고 거룩하다고 해도 그것은 단지 우상일 뿐이다. 하나님이은 이스라엘 민족에게 계명을 주실 때 가장 우려하셨던 점이 바로 이러한 우상화였다고 생각한다.

부정의 영성을 제안하는 것은 현대인들이 알게 모르게 짓기 쉬운 우상화 신앙에 대한 대안이라고 믿는다. 우리는 피조의 매체를 넘지 않고서는 우상화의 벽을 넘지 못하며, 숨겨져 있는 존재의 근저이신 하나님께 나아가지 못한다.

피조의 매체, 그것이 성경 말씀이라고 하더라도 문자 자체에 얽매인다면 사도 바울이 말한바 사람을 멸망시키는 "의문"에 불과하다. 예수님은 현상 자체만 바라보고 하나님의 뜻을 흐리게 하려는 제자에게 "사탄아!"라고 하셨다. 마이스터 에크하르트는 "나는 하나님을 믿지 않으려고 하나님을 믿는다"는 의미 있는 말을 했다. 인간의 사념과 정의에 갇히고 왜곡된 하나님을 믿지 않고, 진정 숨겨져 있는 사랑의 근저이신 하나님을 믿는 믿음을 우리 모두가 갖기를 바란다. 그러기 위해 우리는 먼저 주님의 긍휼하심과 성령님의 역사하심을 빌자. 그리고 하루 속히 이 땅에 균형잡히고 건전한 영성이 뿌리내리기를 소망하며 기도하자.

서문

윌리엄 쉐논(William H. Shannon)의 「깨달음의 기도」(*Silence on Fire: The Prayer of Awareness*)는 설명이 필요 없는 책이다. 1991년에 출판된 후 다섯 번이나 인쇄되었으며 스페인어로 번역되었다. 크로스로드 출판사는 이 책의 기독교적 영성과 기도에 대한 설명이 너무나 많은 그리스도인들에게 유익을 끼쳐왔기 때문에 재판을 하기로 결정한 것이다. 나는 이 서문을 통해 보다 광범위한 신학적 상황 안에서 이 책의 탁월한 위치를 찾아보려고 한다. 이 책은 제2차 바티칸 공의회 영성신학의 뼈에 살을 붙인다.

제2차 바티칸 공의회(Vatican Council II, 1962-1965)는 신앙인들의 삶과 이해에 중대한 변화를 일으켰지만, 하나님의 백성들의 일상생활에 대한 가장 큰 공헌의 하나는 영성 교육임에 틀림없다. 불행하게도 이 영성에 대한 이해는 교회 안에서 효과적으로 전해지지 않았다. 저자 쉐논의 명예가 되는 이 책은 사람들로 하여금 제2차 바티칸 공의회에서 제안된 영성의 이론을 실제의 삶으로 살도록 도와준다. 이 서문에서는 쉐논의 영성을 실천적인 것으로 표현함으로써 제2차 바티칸 공의회를 고찰하고자 한다.

제2차 바티칸 공의회의 영성에 대한 가르침에는 두 가지 근본적인 주장이 있다. 하나는 모든 그리스도인들이 거룩하고 온전하라는 부르심을 받았다는 것이며, 또 하나는 이 세상에서의 삶 안에서, 그리고 그 삶을 통하여 거룩하라는 부르심에 응답한다는 사실이다.

거룩하라는 보편적인 부르심

제2차 바티칸 공의회의 「교회헌장」(*Lumen Gentium*) 제5장은 "거룩하라는 보편적인 부르심"이라는 제목으로 되어 있다. 이 문서는 모든 그리스도인들은 어떤 상황이나 어떤 모습으로 살고 있든지 간에 그리스도의 생명이 충만하고, 사랑의 온전함을 이루라는 부르심을 받았다고 분명히 주장하고 있다. 하나님의 백성의 거룩함은 교회의 많은 성인들의 삶을 통해서 분명히 보여지고 있다. 이 장에서 이러한 관점에 대한 많은 성경 구절을 인용하고 있다. 마태복음 5장 48절은 "하늘에 계신 너희 아버지의 온전하심과 같이 너희도 온전하라"는 권고로써 마태복음 5장의 결론을 내린다. 「교회헌장」제5장은 교회의 정체성에 관한 부분으로서 이와 관련된 성경 구절을 많이 인용하고 있다. 우리가 거룩함은 하나님의 뜻(살전 4:3; 엡 1:4)이다. 우리는 "성도에게 마땅한 바"(엡 5:3)대로 살아야 하며; "하나님이 택하사 거룩하고 사랑받는 자처럼"(골 3:12) 살아야 하며; "거룩함에 이르는 열매"(롬 6:22; 갈 5:22 참조)를 얻어야 한다.

불행하게도 제2차 바티칸 공의회의 이러한 강한 가르침은 현대 그리스도인들에게 널리 인정되고 실천되지 못했다. 제2차 바티칸 공의회 이전 시대부터 내려오던 세 가지 개념들은 모든 그리스도인들이 거룩하라는 부르심을 듣지 못하도록 하였다. 이 세 가지의 개념이란 성인에 대한 좋지 못한 개념, 복음을 따르기 위해 세상을 떠난 사람들만이 온전한 그리스도인이었다는 구시대적인 이해, 그리고 교회에서 평신도와 하나님 간의 중보자로서의 사제직에 대한 개념이다.

성도

신약성경에서 "성도"라는 말은 천사, 또는 이미 세상을 떠난 경건한 유대인들, 또는 박해를 받아 순교한 그리스도인들 등 다른 의미로 사용되고 있다. 그러나 신약성경에 60번 이상 나오는 "성도"라는 말의 핵심 의미는 공동체, 즉 예수님의 제자들의 공동체의 일원을 의미한다. 바울서신의 인사와 결론 부분에서 이러한 의미로 사용되고 있다는 것을 볼 수 있다. 베드로는 "성령이 거룩하게 하심으로 순종함과 예수 그리스도의 피 뿌림을 얻기 위하여 택하심을 받은 자들에게"(벧전 1:2) 편지를 보낸다고 했다. 이 구절에 이어서 사도 베드로는 거룩에 대해 구약성경에서 중요한 두 구절을 인용하고 있다: "내가 거룩하니 너희도 거룩할지어다"(벧전 1:16; 레 19:2 참조); "너희는 택하신 족속이요 왕 같은 제사장들이요 거룩한 나라요"(벧전 2:9; 사 43:20-21 참조).

그러나 오늘날 교회에서 성도들을 성인이라 부르는 것을 단호히 거부한다. 루이지애나 주 하원 의원인 로버트 리빙스턴이라는 사람이 하원 의장직에 출마하면서 개인적으로 저지른 실수에 대해서 언급하면서 자신은 하원 의장직에 출마하는 것이지, 성인의 반열에 나아가려는 것이 아니라고 했다. 신문에서 그의 연설을 읽으면서 나는 금방 그가 가톨릭 신자라는 것을 알아차렸다. 그가 한 그 말은 가톨릭 신자들이 흔히 하는 말이다. 나는 성인(聖人)이 아니다. 이 말의 이면에는 우리 인간들의 유한함과 죄인임을 정직하게 인정한다는 의미가 있다. 그러나 한 가지 질문이 남아 있다. 왜 아직도 그리스도인들은 「교회 교의 헌장」과 신약성경이 가르치는 바와 달리 자신들이 성도라고 불리기를 거부하고 있는가?

엘리자베스 존슨(Elizabeth A. Johnson)의 베스트셀러 「하나님의 친구들과 선지자들」(*Friends of God and Prophets: A Feminist Theological Reading of the Communion of Saints*)에서 오늘날 신앙인들이 신약성경에서 가르치고 있는 성도에 대한 이해를 어떻게 상실했는지를 설명하고 있다. 대부분 신자들은 전에 거룩한 삶을 살았던 위대한 신앙인들이 지금 하나님과 우리의 중보자의 역할을 하고 있다고 생각한다. 그들은 성인들로서 지금 하나님과 더욱 가까이 있으며, 거기서 우리들의 행위에 대해 하나님께 중보하고 있다. 성인들이란 우리와는 다르며 우리보다 앞서 살았던 매우 거룩한 사람들이고, 지금은 하나님의 보좌 앞에서 우리를 위한 중보자들이라고 이해하는 것은 그리스도인들의 자기 이해와 많은 사람들의 경건에 중대한 영향을 미친다. 로마 가톨릭 전통의 시성 절차와 성인숭배는 성인의 의미와 역할을 강조하는 결과를 낳았다.

그러나 그 결과는 무엇인가? 성도란 교회의 회중, 즉 하나님의 백성이라는 신약성경의 이해를 교회는 무슨 이유로 상실하게 되었는가? 엘리자베스 존슨은 이 세상에 살고 있는 하나님 백성으로서의 성도에 대한 본래의 이해가 왜 우리보다 먼저 죽은 사람들까지 확대하여 포함시켰는지 그 이유를 이 책에서 설명하고 있다. 원래 우리보다 먼저 살았던 분들은 우리들에게 영감과 영적인 분투를 일으키는 모범으로서 우리와 교통하는 사람들이지만, 근본적으로는 우리들과 일반으로 이해되었었다. 그러나 초대교회 수세기 동안 교회의 성직 계급 제도와 교황 제도가 발달되고 권세를 갖게 되었다. 하늘에 있는 성인들은 우리들의 소원을 이루어 주는 증인으로서 이제 우리와 교통하는 존재에서, 권세와 중보라는 교황 제도 안에서 우리의 행위를 중재하는 존재가 되었다. 그 결과 교회는 우리 모두가 거룩하라는 부르심을 받은 성도들이라는 의미를 상실했다. 하나님 보좌 앞에서 우리를 위하여 중보하는 성인들과 연합함으로써 거룩해진다는 극단적이지만 가장 보편적인 이해로써, 많은 신앙인들은 오늘날 세례를 받은 모든 자들이야말로 거룩하라고 부름받은 성도들이란 사실을 깨닫지 못하고 있다.

세상을 이탈하는 것과 거룩함

1960년대 이전에 가톨릭 신학에서는 성인들이란 하나님의 백성 위에 혹은 밖에 있는 존재로 이해했던 것처럼, 거룩한 사람들이란 세상을 떠나 수도원으로 들어간 사람들이라고 했다. 수도자들은 온전하라는 그리스도의 음성을 듣고 세상을 떠나 청빈과 순결과 순명의 세 가지 서원을 바쳤다. 세상에서 살고 있는 신앙인 자신들은 거룩하라는 주님의 부르심을 받지 못한 2등 성민으로서 복음의 교훈이 아니라 자연의 법칙에 따라 살아가고 있다고 여겼다. 세상을 떠나며 세 가지 수도서원을 하는 것으로써 거룩한 사람이 되었다.

그러나 토마스 아퀴나스조차 이러한 수도서원에 대한 이해로 골머리를 앓았다. 아퀴나스에 의하면, 모든 그리스도인들은 영적 삶에 있어서 하나님과 이웃과 사랑으로 연합하는, 사랑이라는 같은 목적과 목표를 갖는다. 이 세 가지 수도서원이 모든 그리스도인들에게는 동일한 사랑의 기본적인 목적에 어떠한 변화나 영향을 끼치지 않는다. 그 서원들은 단지 목적을 위한 수단이며, 이 세 가지 수도서원은 하나님과 이웃에 대한 사랑으로 나아가는 데 방해가 될 장애물을 극복하는 데에 목표를 둔다. 청빈은 물질에 대한 과한 욕망으로부터 오는 장애를, 순결은 육체적 쾌락에 대한 무절제한 사랑을, 순명은 영적 자아에 대한 무절제한 애착으로부터 오는 장애를 극복하는 데 그 목적을 둔다. 따라서 수도서원이란 단지 목적에 대한 수단이며, 사랑의 길로 나아가는 데 있어서 장애물을 처리하는 부정적인 기능 정도가 있을 뿐이다. 그러나 불행하게도 수도서원은 이론과 실천에 있어서 공히 하나님과 이웃에게 사랑을 드리는 수단이 아니라, 그 자체가 목적이 되어버렸다. 따라서 수도서원을 한 사람들이 그렇지 않은 사람들보다 더 거룩한 자들이라고 여기게 되었다.

그러나 오늘날 많은 신학자들은 다른 견해를 가지고 있다. 교회는 영성과 전례 기도와 교리와 삶에 있어서 성경이 중심 역할을 해야 한다고 주장한다. 회심과 마음의 변화를 받으라는 복음의 요청은 모든 신자들에게 도전을 준다. 은혜로우신 하나님이 온전하심과 같이 우리 모두도 온전하라는 부르심을 받는다. 이러한 복음의 도전은 모든 그리스도인들에게 말하고 있다.

많은 현대 신학자들은 이제 세례 서약이 우선한다는 것을 알고 있다. 그리스도의 제자도와 예수님을 따르겠다는 세례 서약에는 모든 그리스도인들이 거룩하라는 요청과 하나님께 대한 보다 큰 사랑과 이웃을 사랑하는 것이 포함되어 있다. 어떤 서원은 기본적인 세례 서약에 어떤 것도 더하지 않으며, 개인적으로 그리스도인들이 어떻게 세례 서약대로 살아갈 것인지 구체적으로 나타내는 것뿐이다. 따라서 결혼 서약이나 수도서원 등 어느 것도 마찬가지로 세례 서약에 아무것도 더하지 않지만, 단지 개인적으로 그리스도인이 세례 서약대로 살아가는 방법을 정하는 것뿐이다. 이 세례 서약은 거룩하라는 부르심을 포함하고 있다.

하나님과 사람들 간의 중보자로서의 사제

오늘날에도 대부분 신자들은 평신도들보다 사제들이 더 거룩하라는 부르심을 받았다고 생각한다. 이러한 관점은 사제를 하나님 백성의 공동체 일원이 아니라고 여기게 한다. 사제는 하나님 백성의 공동체 밖에, 그리고 위에 존재한다는 의미이다.

17세기 프랑스 영성 전통에서는 하나님과 인간 사이의 중보자로서의 사제에 대한 이해를 뒷받침하고 있다. 사제는 하나님을 인간에게[sic], 인간을 하나님에게 불러오는 "또 다른 그리스도"였다. 이 책의 저자 윌리엄 쉐논과 나는 제2차 바티칸 공의회 이전에 신학교에서 성직에 대한 이러한 개념을 배웠다. 불행하게도 아직 이러한 사제직에 대한 이해가 오늘날 대부분의 신자들을 지배하고 있다.

그러나 제2차 바티칸 공의회의 교리는 다시 하나님의 백성인 예수님의 제자들의 공동체를 가장 우선하여 강조하고 있다. 사제는 이 공동체의 밖이나 위에 있는 것이 아니라, 공동체 안에서 역할을 감당한다. 제2차 바티칸 공의회의 「교회 교의 헌장」에서는 교회의 으뜸이 공동체 안에서 역할을 수행하는 성직자 계급 제도와 사제 직무를 갖추고 있는 하나님의 백성이라고 인식하고 있다.

제2차 바티칸 공의회 이전의 성찬 예식에 대한 이론과 실천은 사제의 역할이 하나님과 공동체 간의 중보임을 나타내고 있다. 사제는 회중들에게 돌아서서, 라틴어로 조용히 기도하고, 그리고 예수님의 몸과 피를 성별함으로써 일반 회중석에 있는 사람들이 예수님을 경모한 후 사제로부터 성찬을 받을 수 있게 하였다. 사람들이 성찬을 받기 위해 제단 앞에 무릎을 꿇고 혀를 내밀었다는 것을 기억하라. 미사의 마지막 순서에 사람들이 사제의 축복을 받기 위해 다시 무릎을 꿇었다.

제2차 바티칸 공의회 이후 교회에서 성찬식에 대한 신학의 변화는 하나님 백성의 공동체의 중심이 공동체 안에서 특별한 직무를 수행하는 사제임을 나타내고 있다. 옛날에는 사제가 홀로 그리스도를 사람들에게 모셔왔기 때문에 사제(priest)를 성찬 성례의 인도자(celebrant)라고 했다. 오늘날의 사제는 성찬 성례의 사회자이며, 모든 회중들이 스스로 성찬을 집전한다. 성찬 성례에서 하나님의 백성의 역할에는 사제가 베푸는 성체 성찬을 수동적으로 받는 것이 아니라 적극적으로 참여하며 성체 성사를 행하는 것이 포함된다.

다시 말해서 성찬 예식을 진행하는 자세는 더욱 새로운 면을 보여준다. 사제는 성찬 성례에 모인 사람들의 일원으로서 회중들을 마주보고 예식을 인도한다. 성찬 성례 인도자는 공동체의 이름으로 회중들에게 들리도록 소리 내어 기도한다. 성찬을 받을 때 사람들은 일어서서, 손으로 성찬을 받고, 자기 스스로에게 성찬을 베푼다. 회중들은 마지막 축복을 받기 위해 사제 앞에 무릎을 꿇지 않아도 된다. 많은 새로운 교회들은 성찬대와 공동체를 공히 가장 우선적인 것으로 강조하며, 신학적인 전통을 매우 중요하게 여기는 교회에서는 무릎을 꿇는 자가 없다. 이 공동체에서는 성찬 기도를 서서 드린다.

이 책에서 저자가 지적하는 바와 같이, 성찬 성례의 주목적은 떡과 포도주가 그리스도의 몸과 피로 변화되는 것이 아니라 이 중요한 변화를 통하여 신비로우신 그리스도의 몸인 공동체가 변화를 받는 것이다. 일체를 이루시는 성령 안에서 그리스도를 통하여, 그리스도와 함께, 그리스도 안에서 공동체로 모인 모든 사람들은 하나님으로부터 받은 많은 은사로 인해 인자하시고 부모와 같으신 하나님을 찬양하고 감사드리며, 성찬을 받으러 나아갈 때 삶을 변화하게 하시는 하나님의 사랑을 받는다.

제2차 바티칸 공의회는 분명히 모든 그리스도인들로 하여금 거룩하라고 하시는 보편적인 요청에 대해 가르쳤다. 그러나 이러한 가르침은 성도와 거룩함과 공동체에서의 사제의 역할에 대한 잘못된 이해 때문에 가톨릭 공동체 안에서 뿌리를 내리지 못하였다.

세상에서의 거룩

영성에 관한 제2차 바티칸 공의회의 두 번째 주장은 거룩하라는 요청이 이 세상의 우리들의 일상생활 안에서 실제로 살아가는 것임을 강조한다. 「현대 세계의 사목 헌장」(*Gaudium et Spes*)에서 이 생각을 발전시키고 있다. 이 문서에 따르면, 우리가 사는 이 시대에서 가장 중요한 잘못의 하나는 많은 사람들이

고백하는 신앙과 일상생활에서 실천하는 것을 엄격히 분리한다는 것이다(n. 43).

제2차 바티칸 공의회 이전의 접근방법은 초자연-자연, 복음-자연의 법칙, 수도사-평신도, 그리고 신성화-인간화 등 엄격하게 구별하거나 이원화하고 있음을 알았다. 공평하게 말하자면 이러한 구별이나 이원성은 완전히 양분하는 것이 아니라, 이원성에서는 2등보다 1등이 더 중요하다고 하는바 서열을 가르는 계급 구조를 갖는다는 것이다.

초자연-자연이라는 이원성은 가장 근본적인 실재로서 다른 것들을 설명하는 데 도움이 된다. 자연의 질서는 이 세상에서 잠시 우리의 존재하는 것이나 생활과 관련된다. 초자연적인 질서는 우리의 영적인 삶-은혜를 통한 하나님과의 관계에 관련된다. 자연 법칙은 이 세상의 자연 안에서나 일시적인 공간에서 생명을 지배한다. 자연 법칙은 하나님이 만드신 피조물에 대해 생각하는 인간의 이성이 하나님이 우리가 이 세상에서 어떻게 행동하기를 원하시는지를 결정할 수 있도록 해 준다. 복음 혹은 은혜는 이 세상에서 생활에 직접 영향을 끼치지 않는다. 온전하고자 하는 사람들은 복음서의 교훈을 따르기 위해서 세상을 떠난다. 교회에는 신화(神化; divinization)와 인간화라는 두 가지 사역이 있다. 초자연적 차원에서 교회는 말씀과 성례로 하나님의 은혜로운 사랑과 생명을 하나님의 백성에게 제공한다-신화의 사역이다. 자연적인 차원, 즉 이 세상의 일시적인 영역에서 교회와 회중들은 다른 사람들과 함께 보다 나은 인간화를 위해 일한다. 교회의 인간화 사역은 두 가지 이유에 있어서 중요하다. 첫째로 일시적인 자연의 질서에 있어서의 조건은 초자연적인 질서에 다소의 영향을 미친다. 둘째로 하나님은 이 세상에서 인간 존재를 위해 누구나 따라야 할 계획을 가지고 계시다.

제2차 바티칸 공의회의 접근방법은 이러한 이원성을 제거하였다. 예수님, 신앙, 그리고 복음은 우리 자신의 존재와 삶의 모든 면에 있어서 영향을 끼쳐야 한다. 초자연-자연이 구별되어서는 안 된다. 신앙과 복음이 인간 존재에 영향을 주지 않는 곳은 없다. 은혜는 가정, 이웃, 일터, 오락, 정치 등 인간 존재의 모든 국면에 관계한다. 순전히 자연의 질서라는 것만은 없다.

1971년 주교단회의에서 발표한 "세상에서의 정의"(Justice in the World)라는 문서의 요지에서 이러한 점을 분명히 밝히고 있다: "정의를 위한 행동과 세상의 변화에 참여하는 것은 복음 전도에 있어서 근본적인 차원, 다시 말해서 인류의 구원과 모든 억압하는 상황으로부터 자유케 하는 교회의 사명에 있어서 본질적인 차원임에 분명하다." 그리하여 복음은 일상생활에 영향을 끼치며, 복음의 전도 및 인류의 구원을 위한 사역을 포함한 하나의 교회 사역이 있을 뿐이다. 세상에 살고 있는 그리스도인들은 거룩으로의 부르심을 받는다.

저자의 공헌

이 책에서 저자는 제2차 바티칸 공의회 영성에 있어서 두 가지의 중요한 공헌을 한다. 첫째, 이 세상의 일상생활에서 거룩하라는 요청을 주장한다. 저자는 옛날의 접근방식을 표현하는 영적 인종차별(spiritual apartheid)이라는 좋은 은유어를 만들었다. 영적 인종차별은 우리들의 영적인 삶을 가족, 친구, 직장, 놀이, 그리고 세상에서 보다 넓은 사회적, 정치적인 삶으로부터 분리한다. 이 책은 이 세상에서 거룩하기 위해 영성을 기르는 데 있어서 우리가 잘 아는 트라피스트의 수도사 토마스 머튼의 접근방법을 따르고 있다. 그러나 머튼은 단지 수도원에서 하나님을 찾으려고 세상을 떠났던 수도사가 아니었다. 머튼은 하나님께서 이 세상 안에 정말로 현존하고 계심을 믿었기 때문에 세상과 일상생활에서 일어나는 일에 계속해서 지대한 관심과 흥미를 가지고 있었다.

이 책은 세상에서 거룩하기 위한 영성의 기초를 분명하고 명료하게 설명하고 있다. 살아 계시는 하나님은 이미 만물 가운데 임재하신다. 우리는 흔히 하나님을 어떤 객체로 생각한다. 세상에는 많은 객체들이 있지만, 믿는 이들에게 하나님은 그 중에 가장 위대하시고 중요한 객체이시다. 객체이신 하나님은 우리들의 삶 안에 있는 객체들과는 전혀 다르며 별개이시다. 그러나 실상 하나님은 어떤 객체가 아니시다. 하나님은 주체, 즉 모든 실재 안에 현존하는 존재의 근저(根底; ground)이시다. 은혜로우신 하나님이 이미 그것과 함께 하기로 결정하셨기 때문에, 우리는 하나님으로부터 어떠한 것을 떼어낼 수 없다. 모든 실재 안에 하나님이 임재하신다는 이러한 이해는 "오 하나님…만물 안에와 만물 위에 계시는 하나님을 사랑하게 하소서"라는 연중 기도문에 있다. 이것은 세상에서 거룩하고자 하는 그리스도인들의 기도이다.

둘째, 저자의 더욱 중요한 공헌은 실천적인 제도에 있다. 일단 거룩하라는 요청이 일상생활에서 모든 그리스도인들에게 들려주는 것이라는 가르침을 배우고 받아들이게 되면, 더 큰 문제가 일어난다. 제2차 바티칸 공의회는 어떻게 영성 생활을 할 것인가에 대한 가장 중요하고 실존적인 질문에 답을 주지 않고 있다. 이 책은 제2차 바티칸 공의회의 골격에 살과 피를 붙인다. 깨달음의 기도는 이러한 영성의 기초를 제공한다. 깨달음이라는 그러한 본질로서 하나님에 대한 즐거운 깨달음은 살아 계신 하나님이 거기에 계시기 때문에 모든 사람과 사물에 대한 깨달음도 수반한다. 이 책의 저자는 우리가 말로써 하나님과 대화한다는 일반적인 기도의 개념과 전혀 다른 기도 방법을 개발한다. 깨달음의 기도는 전적으로 침묵기도이다.

그러나 여기에 분명히 문제가 있다. 침묵기도를 설명하기 위해 어떻게 말을 사용하는가? 여기서 쉐논이 이 문제를 맡았다. 저자는 40년 동안 대학에서 신학을 가르쳤다. 윌리엄 쉐논은 영적인 삶에 있어서 좋은 인도자일 뿐만 아니라 훌륭한 학자이다. 이 책은 세상에서 그리스도인의 거룩한 삶의 기초가 되는 깨달음의 기도에 대한 이론과 실천을 능숙하게 설명하고 있다.

저자인 윌리엄 쉐논은 토마스 머튼 및 영성에 대한 많은 책을 집필했다. 1999년에 크로스로드 출판사는 영적 유산(Spiritual Legacy) 시리즈 중 「안셀름: 신앙의 기쁨」(*Anselm: The Joy of Faith*)이라는 책을 냈다. 안셀름은 11세기 캔터베리의 대주교이자 수도원장이며 위대한 영적 지도자였다. 이 책에서, 그리고 가르침과 집필생활을 통하여 저자 쉐논은 안셀름이 했던 그 일을 우리 시대에서 하고 있다. 역사는 안셀름을 "이해를 추구하는 믿음"(fides quaerrens intellectum)이라는 유명한 말로 연상케 한다. 마찬가지로 나도 "이해를 추구하는 믿음"이라는 말로 윌리엄 쉐논의 삶과 행적을 요약한다. 대학에서 신학을 가르친 많은 세월, 머튼 및 영성에 대한 쉐논의 최근의 저서를 통해 믿는 자들의 믿음에 대해 보다 분명하고 깊은 이해를 주고 있다.

개신교와 가톨릭 전통에는 세상에서의 거룩함에 대한 제2차 바티칸 공의회의 접근방법과 일치되는 영성과 기도에 있어서의 다른 형태들이 많이 있다. 모든 사람에게 한 가지 방법만 있을 수 없다. 그러나 많은 사람들은 쉐논의 접근방법이 매우 유용하고 적합하다는 것을 발견하였다.

많은 독자들이 일상생활에서 거룩하라는 요청에 따라 사는 데 기본이 되는 영성과 기도를 실천함에 있어서 한 탁월한 지도자가 되는 이 책으로부터 배울 수 있게 되어서 감사하는 바이다.

Charles E. Curran

Elizabeth Scurlock University Professor of Human Values

Southern Methodist University

깨달음의 기도

"주님의 현존 안에 살게 도와주소서."
- *Prayer, Sixth Sunday of Ordinary Time*-

"주님의 현존 안에서 삶의 기쁨을 경험하게 하여 주소서."
- *Prayer, Seventeenth Sunday of Ordinary Time*-

"내가 생명이 있는 땅에서 여호와 앞에 행하리로다."
- 시편 116:9 -

개요

이 책은 「하나님 얼굴 찾기」(Seeking the Face of God)의 속편으로 집필되었다. 전편에서 나는 수세기 동안 잃어버렸다고 생각했으며 지금 다시 찾았다는 기도에 대한 종교개혁 이전의 접근방법을 소개하려 했다. 실제적으로 그러한 기도를 잃었던 것은 결코 아니다. 이러한 기도는 흔히 교회의 "변방"(邊方)에 있는 사람들로 보이지만, 그들을 통하여 교회가 중심으로, 그리고 인간과 그리스도인의 삶의 근본으로 돌아오도록 부르시는 하나님의 섭리의 도구였던 사람들에 의해 유지되어 왔다. 이 "변방"의 사람들(또는 限界人: 역자 주)은 수도자들이다. 여기서 말하는 수도자란 인간 존재의 깊은 중심이 되는 것과 조화를 이룸으로써 어떤 문제도 없이 사는 사람들을 일컫는 것이 아니다. 궁극적으로 수도자들도 우리와 같은 인간들이다. 그러나 사막의 성 안토니, 버나드, 아빌라의 테레사 등 어떤 사람이든지 간에 수도자들이 그들의 시대가 들어야 할 것을 말할 수 있었던 때가 역사 안에 있었던 것 같다. 우리들의 현대 사회에서 겟세마니의 트라피스트 수도사였던 토마스 머튼보다 더 강하고 감동적으로 외친 사람은 없었다. 그는 변방에서 말하면서, "선한 삶"의 중심과 기본이 되는 인간의 삶의 어떤 실재들을 환기시켰다.

현대 세상에 끼친 머튼의 위대한 업적 중 하나는 관상이라는 말을 일상적인 것으로 만들었다는 것이다. 최소한 많은 사람들을 위해서 그랬다. 이 말이 대중화("대중화"란 천하다는 의미가 아니라 그 반대이다)되기 전에는, 대부분의 사람들은 관상을 아빌라의 테레사나 십자가의 요한 혹은 일상적인 삶의 정황과 완전히 다른 어떤 신비가들과 연관시켰다. 그들은 관상을 자신들은 절대 체험(이러한 "특별한 은총을 받은 사람들"의 이야기를 읽는 것을 제외하고는)할 수 없는 것으로 생각했다. 머튼의 글을 읽은 사람들조차도 이런 생각을 갖고 있는 경우가 적지 않다. 그들은 진심으로 머튼의 말이 옳다고 (관상이란 자신의 것이 될 수 있다고) 생각하기를 원하지만, 그러나 그 말은 너무 좋게 들려서 믿을 수 없다; 그래서 그들은 기껏해야 회의적이 되거나, 아니면 전체적인 생각에 대해 적개심을 품게 된다. 사실 어떤 사람들은 나에게 말하기를 "관상이 자신의 것이 될 수 있다는 생각에 빠지도록 사람들을 우롱하는 강연과 피정을 하러 돌아다니지 마시오. 그들로 하여금 교회에 나가 기도하고 계명을 지키는 것으로 만족하게 두시오. 그들은 이러한 새로운 기도 방식으로 인해 혼란스럽게 되기를 원하지 않아요. 그러니 그만 하시오!"라고 했다.

그 말이 옳을지도 모른다. 내 경력의 상당 부분은 학계에서 기독교 윤리를 가르쳤으므로, 나는 마땅히 윤리와 계명에 관한 글을 써야 했을 것이다. 그러나 현재 이 분야는 "폐광"(廢鑛)이 되다시피 한 영역으로서, 이 분야에서 어떤 독창적인 것이라고 말하게 되면 따귀만 얻어맞을 것이다. 그래서 나는 기도에 대해 말함으로 "톡톡히 혼나는 것"이 오히려 더 좋다. 결국 기도에 대한 가치 있는 강연에는 도덕과 창조적인 의식과 사회적인 책임 등 많은 것들이 포함된다. 기도에 대해 말하는 사람은 누구도 기도에 대해서만 말하지 않는다. 그것은 기도란 인간 존재의 너무도 많은 영역에 영향을 주기 때문이다. 그리고 기도에 대해 말하는 것은 일종의 트로이 목마와 같아서 도덕에 관한 강연으로 들어가는 입구가 된다. 그리고 요즈음 기도에 대해 말하는 것은 그 강연의 요지로 들어가는 데 보다 안전("검쟁이"로 해석하지 말라)하다.

그렇다고 하더라도 기도에 대해 말하는 것 자체에 문제가 발생한다. 그중 큰 문제는 "기도"란 단어의 의미를 파악하는 것이다. 독자들은 내가 "기도"와 "관상"이라는 말 사이를 왔다갔다 하는 것을 알았을 것이다. 사실 이 책은 「하나님의 얼굴 찾기」에서 언급했던 "깨달음의 기도"에 관한 것이다.

이 개요 부분에서 진정으로 하고 싶은 바는 우리가 사용하는 기도라는 언어는 다르지만 연관된 것들을 살펴봄으로써 "기도"에 대한 말을 정리해 두고자 하는 것이다. 그래서 우리는 공동 기도(예를 들면 전례기도)와 개인 기도를 대비한다. 때로는 묵상이나 관상을 기도라 한다. 그 외에도 우리가 말하는 더욱 분명한 기도가 있다. 찬양의 기도, 용서의 기도, 중보기도 등이 있다. 그렇지만 나는 관례상 기도라고 지칭하는 말의 의미를 모두 포함하는 두 종류의 기도를 들어 말하고자 한다. 이러한 구분을 위해 도움이 되는 두 개의 라틴어 프레세스(*preces*)와 오라티오(*oratio*)가 기도를 대신해서 사용되고 있음을 발견했다.

"강연" 혹은 "연설"(흔히 글로 된 강연사 등 잘 준비된 것)을 의미하는 오라티오를 기도라는 말로 이해하는 데 어려움이 없다.

사실 기도를 하나님과의 "이야기" 혹은 "대화"(때때로 성례 기도처럼 형식과 체계를 갖춘)로 생각하는 것은 극히 일반적이다. "탄원" 또는 오히려 "간청"이라 하는 편이 더 좋은 프레세스 역시 이야기 혹은 대화 형식을 나타낸다. 그러나 이 말은 더 깊고 은밀한 의미를 지닌다. "불안정"(precarious)이라는 단어와 밀접한 관계가 있는 이 프레세스라는 말은 불안정, 위험, 극히 취약한 상태에서 하나님과의 관계를 나타낸다는 것을 암시한다. 기도하는 사람은 변함없이 실존적인 불안정 상태에 있다. 이 사람은 무(無)의 가장자리에 계속해서 살고 있다는 것을 알고 있지만, 한편으로는 하나님께서 손을 잡아주심으로 말미암아 나락으로 떨어지지 않고 있다는 것도 알고 있다. 이러한 기도는 '언어의 차원'이 아니라 더 깊은 '존재의 차원', 즉 말이 필요 없으며 적절한 언어도 없는 차원에서 간청하는 것이다.

 이 두 라틴어를 통하여 근본적으로 다른 두 형태의 기도를 보았던 바, 이 둘을 구분하자면 '말로 드리는 기도'(구송기도)와 '말없는 기도'(침묵기도)라고 할 수 있다. 우리는 말로 드리는 기도를 보다 편안하게 여기며 기도에 대해서 생각할 때에 보통 이 기도를 염두에 둔다. 이는 우리가 하나님께 '완전한 의탁'을 표현해 낼 수 있는 다양한 것을 말로 나타내기 때문에 '말로 드리는 기도'라고 한다. 그래서 우리는 먼저 우리 존재에 대하여, 그리고 우리 존재에 부여된 선물로 인해 하나님께 찬양과 감사를 드린다. 그러나 우리가 하나님을 의존하는 상황에서 잘못 사용한 선물들이 있음을 알고, 그래서 우리는 '회개와 용서를 간청'하는 형식을 취한다. 이러한 구송기도는 과거에 하나님을 의지했던 것같이 현재와 미래에도 그렇게 한다. 따라서 거기에 중보기도가 있다.

침묵기도는 우리들의 하나님에 대한 의존을 표현하는 것이 아니라, 이를 경험하고 그 경험으로 말미암아 너무나 압도된 나머지 어떠한 말도 적절치 못하여 말을 할 수 없다는 것이다. 침묵기도조차도 필요 없다. 단지 침묵만이 적절하다.

「가톨릭 교리문답」(*The Catechism of the Catholic Church*) 제4부 첫 부분에 11세기의 컬러 그림이 삽입되어 있다. 이 그림은 누가복음(11:1-13)의 한 장면을 그린 것으로서, 앞에서 언급했던 두 종류의 기도를 활동사진처럼 보여주고 있다. 이 그림에서 우리는 기도하시는 예수님을 보게 된다-이는 제자들에게 경외심을 갖게 하는 모습이다. 제자들은 예수님이 하나님과 말없이 교통하시는 침묵의 시간을 방해하지 않았다. 그들은 기다렸다. 그리고 주님이 기도를 마치시자 "주여, 우리에게 기도를 가르쳐 주옵소서"라고 청하였다. 제자들의 청에 예수님은 "말로 드리는 기도", 즉 주기도문을 설명하셨다. "말로 드리는 기도"의 전형이 된 기도, 즉 주기도라고 하는 기도를 가르치셨다.

제자들의 이 청원은 그들만의 요구가 아니었다. 그것은 하나님께 의존되어 있음을 알고, 그것을 표현할 필요를 느끼는 궁핍한 인간의 울부짖음이다. 그리고 이 복음서에서는 이러한 인간의 깊은 요구에 대한 예수님의 반응을 본다: 주님은 첫째로 하나님께 드리는 침묵기도, 두 번째로 "말로 드리는 기도"(주기도문)로써 제자들에게 기도에 대한 교훈을 주셨다.

그러나 예수님은 침묵기도에 대해서는 어떤 교훈도 주지 않으셨다. 그 대신 침묵기도를 제자들이 직접 볼 수 있게 해주셨다. 아마도 이 기도에 대해 교훈하지 않으신 것은 이 기도가 '말 없이 드리는 기도'이므로 말로써 그 의미를 설명하기가 어려웠기 때문이었을 것이다. 왜냐하면 침묵기도는 침묵이기 때문이다. 즉 침묵이란 떠들어대는 사이에 잠시 말을 멈추는 것이 아니라, 하나님의 현존으로 불타는 침묵, 즉 하나님으로 가득차고 풍요로운 침묵이다. 그것은 우리들의 삶 안에 하나님의 깊은 현존을 추구하는 독거로부터 오는 고요함의 기도이다. 그것은 우리들이 하나님께 완전히 의존되어 있는 것과 우리가 하나님 안에 있다는 '깨달음'을 경험하는 겸손하고, 단순하며, 자기를 낮추는 기도이다. 침묵기도는 "어떤 장소에 도달"하려는 노력이 아니다. 왜냐하면 우리는 이미 거기에(하나님의 현존 안에) 있기 때문이다. 단지 그곳에 와 있다는 것을 충분히 깨닫지 못할 뿐이다. 우리들의 기도 생활에 깊이가 있음을 보증하는 침묵기도가 필요하다.

이 책의 주제는 침묵기도이다. 종교개혁 이후 교회에서(수도원을 제외하고) 대부분 사라졌던 이 기도에 대한 접근이다. 침묵기도 중 가장 높은 차원은 관상이다.

이 책에서 내가 사용한 "깨달음의 기도"라는 것을 분명하게 하고자 한다. 이 기도는 관상과 전혀 같지 않으며, 비록 깨달음의 기도가 언제나 관상을 지향하긴 하지만 최소한에 있어서도 절대 그렇지 않다. 깨달음의 기도는 하나님을 '깨닫는' 모든 차원을 수용한다. 그렇지만 아무리 깨달음의 기도가 깊다고 하더라도 이 기도는 관상이라는 기도로써 얻게 되는 완전한 깨달음에 이르기에는 부족하다. 관상은 우리가 요구한다고 얻어지는 것이 아니라 하나님이 원하실 때, 그리고 그 때마다 우리에게 주시는 하나님의 특별한 선물이다. 그러나 거룩한 이 선물을 주시는 데 조금도 인색하지 않으신 하나님으로부터 오는 이 놀라운 선물을 신속하게 받아야 한다. 믿음으로써 이해할 수 있는 하나님의 현존하심에 대해 우리들의 마음과 우리 자신을 개방하는 침묵기도, 즉 깨달음의 기도는 우리를 관상으로 인도한다. 그러나 나는 관상과 깨달음의 기도를 너무 예리하게 구분 짓고 싶지 않다; 왜냐하면 특별히 믿음이 깊을 때 깨달음의 기도는 관상의 경계에 있으며, 실제로는 자주 관상의 영역으로 들어가는 것이 아니기 때문이다. 그러므로 이 책의 제1장에서 "관상적 영성"이라는 용어를 사용할 때, 거기에는 관상뿐만 아니라 관상에는 못 미치지만 관상과 관계가 있는 깨달음의 기도도 포함시키고자 하는 것이다. 더욱이 다음 페이지에 "관상자"라는 말을 사용할 때, 독자들이 "그가 바로 나"라고 말할 수 있기를 원한다. 왜냐하면 이 말에 관상의 은혜로운 선물을 받은 사람들만 아니라, "깨달음의 기도"를 수행하는 사람들, 즉 관상의 도상에 있는 사람들, 따라서 "중도에 있는 관상자"까지 포함시키기 원하기 때문이다.

침묵기도는 말로 드리는 기도의 확고한 기초가 된다. 왜냐하면 우리 삶 안에서 살아 역사하시는 하나님의 현존에 대한 깊은 깨달음, 즉 말없이 드리는 기도로써 얻게 되는 이러한 깨달음이 없다면, 우리의 기도생활은 불안정하며 확신이 없고 불확실해

질 것이다(우리가 기도를 바르게 하고 있는지, 마음의 산란함에 염려하면서). 영성의 확고한 뿌리로 침묵기도를 할 때, 우리는 지나친 근심을 하지 않게 될 것이다(하더라도 그리 길게 하지 않을 것이다). 왜냐하면 우리가 하나님 안에 있으며 다른 것도 그렇다는 것을 알게 될 것이기 때문이다. 정말 중요한 것은 모든 실재가 하나님의 현존의 영광으로 채워졌다는 것이다.

기도 및 영성에 대해 글을 쓴다는 것은 흥분되는 경험이며, 아마 독자들에게 유익한 경험이 될 것이다. 오늘날 진정한 내면의 삶을 추구하고 있는 사람들이 많다. 그들은 제도상의 시시한 논쟁과 도덕적인 사소한 것들과 오늘날 많은 종교의 근본주의적인 광신으로부터 떠나고, 그들의 삶에서 단순하게 하나님을 경험하기를 원한다. 그들은 자유스럽고 평화스럽게 자신들의 삶과 행동을 결정할 수 있을 내면의 합일이 이루어지기를 원한다. 이 모든 것들은 성숙하게 성장하는 좋은 징표이다.

이것이 로마 가톨릭 교회에 결코 빨리 온 것은 아니다. 제2차 바티칸 공의회에 의해 조성된 새로운 환경에는 "등뼈가 없는 신자"를 위한 자리가 없다. 여기서 "척추가 없는"(spineless)이라는 말은 "줏대가 없는"이 아니라 "스스로 바로 설 수 없는"이라는 의미이다. 이 은유적인 표현을 조금 달리 한다면, 가톨릭 신앙 공동체는 더 이상 "영적인 척추가 없는 사람들"을 수용할 수 없다고 할 수 있다. 다소의 호기심을 유발하는 이 비유는 현대 로마 가톨릭교회의 유명한 신학자였던 이브 콩가르(Yves Congar)로부터 빌려온 것이다. 파리의 지체부자유 시설에 입원한 병실에서 버나드 로렛(Bernard Lauret)과 인터뷰를 하면서, 제2차 바티칸 공의회 이후의 교회와 미래에 대한 자신의 소망을 말하였다. 미래가 요구하는 가톨릭에 대해 말하면서, 하나의 요지는 콩가르 자신도 특이하다고 인정한 벨기에의 신학자 에밀 머쉬(Emile Mersch)의 "어떤 동물들은 척추가 없기 때문에 갑골을 갖고 있다"는 말을 인용한 것이다. 이것으로 말문을 연 콩가르는 종교개혁 의 극도로 방어적인 조직을 갖춘 트렌트 교회(교리문답과 그것에 대해 분명하게 정의된 교리와 명확히 설명된 도덕적 규범에 대한 일체의 질문을 허용하지 않고 대화도 하지 않는 교회의 권위)가 4백 년 이상 로마 가톨릭을 위한 갑골의 역할을 해온 것이라고 시사했다. 이 방어적인 조직은 신속히 사라지거나 최소한 급진적으로 변하고 있다. 콩가르의 말을 인용하면 다음과 같다:

"오늘날 그 껍질, 즉 트렌트 조직, 트렌트주의는 대부분 용해되었으며, 어떻게든 해서 그 껍질은 벗겨졌고, 그래서 어떤 내면의 구조가 더욱 절박하게 필요하게 되었다"
(Fifty Years of Catholic Theology [London: SCM, 1988], 5-6).

이 책의 주제와 같은 취지로 표현한 것에 의하면, "이제 교회의 운명은 그리스도인들의 생활에 있어서 영적이며 심지어 초자연적인 삶과 더욱 깊이 관여하고 있다는 것이 보여진다. 나는 현재 상태의 그 압박에서 견딜 수 있는 사람은 오직 내면의 삶을 사는 자들이라고 생각한다"(Fifty Years, 5).

이 내면의 삶의 영적 척추가 발견되는(오히려 회복되는) 풍토는 기도, 특히 침묵기도이다. 이 기도로부터 들려오는 음성-내면의 깊이와 진정한 자아로부터 분리해 낼 수 없는-은 마치 불타는 떨기나무로부터 모세에게 들려온 하나님의 음성과 같이, 우리들의 침묵의 심층으로부터 들려온다. 하나님께서 모세에게 나타나신 때는 모세가 광야에서 말없이 기도드릴 때였다. 그리고 모세는 깊고 꺼지지 않는 하나님 현존의 체험을 했다. 하나님은 모세의 침묵을 불타게 하셨기 때문에, 하나님이 모세에게 오신 이 체험으로써 그의 삶이 변화되었다.

| 제 1 장 |

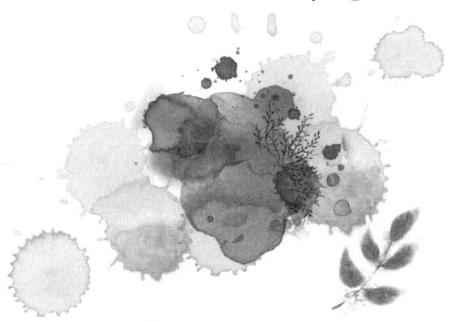

영성에 이르는 두개의 길

"나는 당신이오."

어느 날 사랑하는 남자가 애인의 집을 찾아왔다. 문 앞에 서서 문을 두드리니 안에서 음성이 들려왔다.
"누구세요?"
연인은 대답했다.
"나입니다."

그러자 안에서 슬픈 음성이 들려왔다.

"여기에 나와 당신이 함께 있을 자리가 없어요."

남자는 그곳을 떠나서 사랑하는 여인이 한 말의 의미를 깨닫기 위해 많은 시간을 보냈다. 얼마의 세월이 흐른 후 남자는 애인의 집을 다시 찾았다. 예전처럼 문을 두드리자 안에서 같은 음성이 들려왔다.

"누구세요?"

그 연인은 대답했다.

"당신이오."

그러자 문이 열렸고, 그는 사랑하는 애인의 집으로 들어갔다.

나는 하나님의 현존에 대한 깨달음을 중심으로 다룬 침묵기도에 대한 이 책을 수피의 이야기로 시작했다. 왜냐하면 여기에서는 두 가지 다른 형태의 기도, 또는 두 영성 학파에 대해 비유적으로 설명할 수 있기 때문이다. 이 이야기의 제1막은 분명히 이원론적인 영성에 대한 패러다임을 말하고 있다. 여기서 하나님과 인간은 분명히 분리되어 있는 것으로 보인다. 하나님의 은혜와 우리 인간의 선행을 통하여 하나님께 가까이 다가간다고 하더라도, 하나님은 절대적으로 "타자"이시다. 피조물인 인간 존재이기 때문에, 우리는 필연적으로 하나님과 분리된다. 하나님 앞에 서서, 우리는 오직 이렇게 말할 뿐이다: "나입니다."

이 짧은 드라마의 제2막은 영성에 대한 다른 이해를 설명하고 있다. 이 이야기에서 분명히 말하고자 하는 것은 나는 하나님과 구별되지만(분명히 내가 하나님이 아니라는 의미에서), 하나님과 분리되지는 않는다는 것이다. 진실로 나의 피조물로서의 실재가 하나님과 분리된다는 의미는, 나는-매우 문자적으로-무(無)라는 것이다. 하나님과 분리됨으로써, 나의 존재는 사라질 뿐이다. 따라서 하나님의 현존을 깨달을 때, "나는 당신이오"라고 말할 수밖에 없다.

독자들이 허락한다면, 처음의 여정에서 다음의 단계로 넘어간 저자의 개인적인 이야기를 함으로써 두 개의 영성의 "길"에 대해 분명하게 설명하고자 한다. 먼저 이러한 나의 영성관의 변화는 토마스 머튼의 글로 인해, 즉 그의 글을 읽음으로써 상당한 영향을 받았다는 것을 밝히는 바이다. 그렇게 함으로써 내가 머튼의 말을 인용하더라도(대부분 부적절하게), 그것은 내 생각의 결과라는 것으로 양해를 얻을 수 있다고 믿는 바이다. 머튼의 저서에서 내가 영향을 받았기 때문에 그가 나의 영성에 얼마나 영향을 끼쳤는지 요약해서 말한다면, 나는 하나님께 매우 편하게 "아니오"라고, 즉 "나입니다"가 아니라 "당신이오"라고 말할 수 있었다는 것이다.

여기서 이야기하고자 하는 바는 특별히 내 자신의 "영성"에 대해 말하려는 것이 아니라, 내가 (토마스 머튼의 글을 심각하게 접하기 전) 가졌던 영성에 대한 이해가 대부분 사제들과 수도자들, 그리고 말하자면 내가 사는 이 시대의 신실한 로마 가톨릭 신자들이 가졌던 대표적인 것이라고 여기기 때문이다. 물론 분명히 형태에 있어서 다른 점을 감안하더라도, 가톨릭 신자들 다른 그리스도인들의 영성에 대한 표현도 그랬을 것이다.

헌신적인 영성

내가 어렸을 때 신앙생활을 인도했던 영성의 첫 번째 학교에 대해 명명하자면 헌신적인 영성이라 할 수 있겠다. 나는 이 언어를 오직 외면적인 것에만 관심을 두는 영성이라는 듯이 경멸조로 사용하려는 것이 아니다. 그렇다. 나는 헌신적인 영성을 추구하는 사람으로서 하나님의 생명에 다소간에 참예하는 은혜의 삶인 "내면의 삶"을 깊이 믿었다. 그러나 이 내면의 삶은 외면적으로 경건한 믿음의 행위로써 성장되었다. 이제 내가 보듯이, 이것의 문제는 그 믿음의 삶을 육성하고 튼튼하게 하는 활동에 너무 치중했기 때문에, 내면의 삶과 및 그 의미를 생각하는 시간을 거의 갖지 못했다는 점이다. 이 말을 있는 그대로 거친 표현으로 하자면 하나님이 기뻐하실 줄로 생각했던 것을 실천하기 위해 너무나 많은 시간을 들였기 때문에 하나님과 함께 할 시간이 없었다는 것이다. 헌신적인 영성이 강조하는 원리의 하나는 하나님이 기뻐하신다고 여기는 것(특히 헌신적인 것)을 하는 것이다. 예배드리는 것을 하나님이 기뻐하시는 헌신으로 간주했다. 죄 고백도 마찬가지였다. 분명히 이런 것들은 중요한 헌신들이다.

그러나 다른 헌신들도 역시 많았다. 예를 들면 많은 사람들이 거듭하는 '9주간 첫 금요일 기도'(Nine First Friday)가 있다. 누구도 한 번만으로 만족하지 않는 것 같았다: 안전 보장을 받으려는 듯이 언제나 "한 번 더 하라"는 강요를 받는 것 같았다. 그리고 노비나(9일간의 기도: novena)가 있으며, 이 기도는 다양해졌다. 나는 "연도자"(litany man)였다. 나는 예수 성심 연도에 특별히 헌신하였으며, 매일 이 성심 연도를 규칙적으로 바쳤다. 사실 나는 이 기도를 미사 시간에 미사 기도로 드렸다. 내가 7학년이 되었을 때(우리나라의 경우 중학교 1학년: 역자 주) 내가 이렇게 하고 있었다는 것을 선생님에게 말씀드리자 얼마나 기뻐하셨는지 지금도 기억한다. 선생님이 생각했던 바, 나는 그것이 너무 좋아서 예수 성심 기도를 미사 기도와 연도로 한꺼번에 드리게 되었다.

다음으로 "기도 카드"라는 헌신도 있다. 사람들은 다양한 기도문들을 수집했는데, 그 기도문을 기도책에 끼워넣고 매일 읽는다. 누구나 이러한 기도문을 많이 수집할 수 있었으며, 실제로 누군가가 새로운 기도 카드—특히 "효력이 있는 것"이라고 하더라도—를 준다면, 그 사람을 원망하게 될 것이다. 왜냐하면 이미 많은 기도문을 가지고 있으며, 새로 받은 기도문을 기도책에 추가하지 않으면 죄책감을 느낄 것이기 때문이다. 이 기도문을 모두 읽는 과정을 이름 짓는다면 "나의 기도에 끼워넣기"라 한다.

나는 많은 사람들이 심각하게 여겼던 영성의 길과 지금도 많은 사람들이 영성에 이르는 두 개의 길이라고 생각하는 것에 대해 우롱하기를 원하지 않는다. 분명히 내가 설명한 그 이상의 영성의 형태가 있다. 더욱이 하나님께 나아가는 데 필요하고 유효한 다양한 헌신들이 분명히 있다. 그러나 내가 모든 헌신에 대해 말하고 있더라도, 이제 거기서 멈추고 깊은 기도로 들어가지 않는다면 매우 유감스러울 것이라는 말을 더하지 않을 수 없다. 모든 헌신들을 일반으로 중요한 것처럼 다루지 않는다면, 그것 또한 영성관에서 완전히 균형을 상실한 것이 될 것이다.

펠라기우스주의?

무엇보다도 지적하고 싶은 점은 이러한 형태의 영성 뒤에는 심각하게 의심해 볼 필요가 있는 심리상태-미묘하며 혹은 무의식적인 심리상태-가 있다는 것이다. 내가 이러한 "종교적인 것들"을 행한다면 하나님께서 나와 함께 하기를 기뻐하시며 나를 잘 돌보아 주실 것이라는 묵시적인 가정이다. 이는 펠라기우스주의로서 하나님의 총애를 받는 방법, 즉 하나님께 아첨하는 방법들을 말하고 있었다. 그것은 마치 우리 모두가 중립 상태에서 시작했으며, 그런 다음 하나님께 우리 자신을 증명해야 하는 것 같았다. 우리가 "스스로를 증명"하는 데 있어서 원리적인 방법은 다양한 헌신 행위-우리가 질문할 수 없는 어떤 신비한 이유 때문에 하나님이 기뻐하실 것이라고 여기는 것들-를 하는 것이었다.

아무도 나에게 "나의 기도에 끼워넣기"가 언제나 하나님을 그렇게 기쁘시게 했었는지 물어본 사람이 없었다는 것이 늘 혼란스러웠다. 내가 사제가 된 후, 나는 매주 토요일에 매번 같은 것을 반복하여 말하는 사람들과 고해소에 앉아 있으려니 진저리가 났다. 나는 내가 방금 은행을 턴 권총강도가 돈을 들고 도망가다가 고해소에 들어오거나 방금 장모나 시어머니를 물에 처박아 죽인 사람이 고해소에 오기를 기다리고 있다는 것을 알았다. 나는 매일 똑같이 드리는 "기도에 끼워넣기"에 있는 기도에 하나님도 지치신 것은 아닐까, 그리고 때로는 하나님도 색다른 사람을 기대하시는 것이 아닐까 생각했다. 예를 들면 예레미야처럼 말이다. 예레미야가 드린 기도는 기도문을 적은 인쇄물이나 기도서에서 인용한 것이 아니었다. 그의 기도는 마음으로부터 나온 것이었다. 예레미야는 하나님에 대해서-하나님 면전에서 험하게 말했다. (나의 표현대로 한다면) 하나님은 예레미야의 말을 들으시면서 쾌감을 느끼셨을 것이라는 생각이 들었다.

중보적인 영성

나는 이러한 많은 신앙의 행위가 하나님께 향해 있는 것이 아니고 성인들에게 향해 있었음을 지적하지 않을 수 없다. 거기에도 감추어진 미묘한 신학적 뉘앙스가 있었다. 어떤 사람이 나에게 "나는 하나님께 기도하지 않습니다. 나는 그럴 정도로 착하지 않거든요. 나는 성 안토니에게 기도합니다"라고 말했던 것을 기억한다. 이것은 여러 종교에서 찾아볼 수 있는 인간의 매우 깊은 두려움, 즉 하나님께 너무 가깝게 됨으로써 오는 두려움을 표현하는 것이다. 사람들은 일반적으로 중보된 영성에서 보다 편안함을 느낀다. 그렇게 함으로써 하나님께 직접 나아가지 않는다는 것이 아니라, "거룩한" 사람이나 정해진 의식 등 매개체를 통해 하나님께 나아가는 영성을 의미한다. 그래서 사제들, 의식 행위, 성례전, 기도문 외우기, 교회의 사역들-이 모든 것들이 하나님과 관계를 맺는 데 덜 무섭게 하는 매개체의 역할을 할 수 있다. 이스라엘 민족이 광야에서 하나님으로부터 계명을 받을 때 왜 놀랐는지 기억해 보라. 이스라엘 백성들은 하나님 보기를 원치 않았다. 왜냐하면 하나님을 본다는 것은 죽음을 의미하기 때문이었다. 그래서 그들은 지도자 모세에게 말했다: "당신이 우리에게 말씀하소서. 우리가 들으리이다. 하나님이 우리에게 말씀하시지 말게 하소서. 우리가 죽을까 하나이다"(출 20:19). 다시 말해서 백성들은 모세가 하나님과 그들 사이의 중보자가 되기를 원했다.

하나님에 대한 직접적인 경험, 즉 거룩한 자아 안에 계시는 하나님에 대한 어떤 경험이든지 이 세상의 삶을 떠나서 내세에 속한 것이므로, 이는 바로 죽음을 의미한다고 할 정도로 두려워

하지는 않지만, 아직도 많은 사람들이 두려워하고 있다.

소 도덕적인 영성

나는 헌신적이며 중보적인 나의 초기 영성에 강한 도덕적인 면을 더했다. 이것은 생활 속의 "세속적인" 활동 안에서 하나님의 뜻을 행하는 것, 그렇지만 권위를 통하여, 특히 교회의 권위를 통하여 나에게 중재된 하나님의 뜻을 행하는 것이었다. 나는 보다 도전적인 삶을 살기 위해 삶을 바꾸어야 한다는 것을 알게 되었다. 다시 말해서 나의 영성은 성경적 메타노이아(회심: metanoia), 즉 예수님의 진정한 제자가 되기 위해서 반드시 일어나야 하는 인격적인 변화가 필요했다. 그러나 그것은 행위의 회심이었다. 그렇지만 나의 영성의 도덕적인 면이 사회적이며 오늘날의 문제가 아닌 개인의 도덕적인 문제(나의 정욕과 욕망을 통제하는 것과 같은)에 집약되는 경향이 있었다는 것을 더하지 않을 수 없다. 내가 받았던 영성은 사회적인 책임감을 거의 갖지 않았다. 그것이 지향하는 바는 개인적인 것으로서 공동체와는 거의 무관한 것이었다. 가장 큰 나의 과제는 내 영혼을 구원하는 것이었다.

구획화하는 영성

헌신적, 중재적, 소 도덕적인 나의 영적 생활은 구획화하는 경향이 있었다. 이것은 나의 영적인 삶을 양육하는 것과 나의 직분에서 수행해야 하는 의무 사이에 긋는 예리한 경계선을 의미한다. 나의 영성이 이러한 의무들을 수행하는 데 도움을 주었지만, 그럼에도 불구하고 그것으로부터 분리되었다. 때로는 나의 직업에 따르는 의무들이 영성의 진보를 이루는 데 방해가 되기도 했다. 그리고 기도를 드리거나 내면의 강한 은혜의 삶을 유지하기 위하여 필요한 다른 경건한 것을 방해할 수도 있을 지나친 행동주의에 대해 가끔 주의를 받았다. 나는 매우 다른 두 영역, 즉 신성한 영역과 세속적인 영역에서 살았다; 그리고 어느 곳이 나의 충성심을 우선적으로 요구하는지 질문이 없었다.

자아의식적인 영성

자아를 강조하는 경향과 하나님께 대한 인간의 응답이라는 영성에는 자아의식이라는 것이 분명히 있다. 내가 반드시 해야 하는 것을 하고 있는지 내 자신을 지켜보지 않을 수 없었다. 내가 받은 은사들을 확인하는 것이 나의 일이었다. 나의 은사들을 하나님의 영광과 이웃의 이익을 위해 어떻게 사용해야 하는지 분별하지 않으면 안 되었다. 성전에서 기도하던 어린 사무엘이 이 영성의 모델이었는데, 어린 사무엘은 항상 "주여, 말씀하소서. 주의 종이 듣겠나이다"라고 말할 준비가 되어 있었다. 또는 수피의 드라마 제1막의 상황에서 "나입니다. 내가 당신의 뜻을 행하러 왔습니다"가 그렇다.

언어적인 영성

내가 지금 설명하고 있는 영성에 대한 접근방식은 강한 언어적인 것이었다. 기도로 하나님께 하는 말, 하나님과 우리의 관계에 대하여 설명할 때 사용하는 말 등은 매우 중요하였다. 예부터 내려온 말을 선호했다, 왜냐하면 부주의하게 하는 말의 모퉁이에 이단이 숨어있기 때문이다. 이 영성의 접근방식은 공론적(空論的)이 되기 쉽다. 즉 이것은 교회의 교리들 안에, 일반적으로 인정된 교의 신학 안에 안전하게 머물고 있는 것을 발견하였다. 하나님에 대하여 바르게 생각하고 바른 용어를 사용하는 것이 깊은 관심이었다. 예를 들면 하나님과 피조물 사이의 관계를 설명하기 위해서 정교하고 정확한 표현을 해야 한다. 하나님을 이 세상의 원인이시며 섭리로써 유지하고 인도하시는 분으로 보는 반면, 이 영성의 접근 방법은 여전히 하나님이 지으시고 혹은 함께 계시는 이 세상과 하나님을 동등시하는 말을 극히 조심스럽게 피했다. 이렇게 동등시하는 말은 범신론을 말하는 것이었다. 그러므로 하나님을 부를 때 사람들은 창조주와 피조물 간의 거리, 즉 심연(深淵)이 있음을 알아야 한다. 우리는 이러한 분리되어짐을 알아야 한다. 우리는 하나님과 이야기할 때 "나입니다"라고 말해야 한다.

내가 이 영성-"헌신적인 영성"이라고 했던-을 설명할 때, 존재하는 것에 대한 것보다는 행함에 대해서, 의식에 대한 것보다는 행위에 대해서, 진정한 하나님이신 분을 체험하는 것보다는 하나님의 명령을 수행하며 하나님을 기쁘시게 하는 헌신적인 일을 행함으로써 하나님의 뜻을 행하는 것이 헌신적인 영성이라고 요약할 수 있다. 이것은 분명히 하나님의 초월하심과 이 세상과 우리로부터 분리되어 계심을 강조하는 이원론적인 영성이었다. 비록 하나님이 낮아지심으로써 내가 하나님과 어떤 교제를 나눌 수 있다고 하더라도, 내가 하나님께 말할 때 분리되어 있음을 말해야 한다. 즉 나는 "나입니다"라고 말해야 한다.

지금까지 설명한 바 그 영성에 대한 혹평들 중 많은 것들을 내가 이미 버렸던 그러한 영성의 요점들을 독자들은 파악했으리라 믿는다. 내가 거침없이 더 정확하게 설명하려는 데에 제한을 받는 것은 더 일찍 그것들을 버리지 않았다는 데 있을 것이다. 나의 설명이 어눌할지라도 몇 년 전을 회상하게 하는 기억력을 가진 독자들이라면 오랫동안 가톨릭교회 및 다른 교회들이 가졌던 영성의 요소를 알게 될 것으로 믿는 바이다.

관상적 영성

이제 짧은 수피 드라마의 제2, 즉 하나님께 "나는 당신이오"라고 말하게 된 사람의 영성을 살펴볼 때이다. 이 이야기의 제2막을 두 번째 형태의 영성, 즉 내가 관상적 영성이라고 하며, 토마스 머튼이 실천하며 살았으며, 내가(나 외에도 다른 많은 사람들이) 머튼의 글을 읽으면서 알게 되었던 영성이라고 이해하기를 바라는 바이다.

이 두 번째 형태의 영성은 첫 번째 영성이 가진 많은 통찰들을 부정하지 않는다. 첫 번째 영성은 그리스도인의 삶 안에 있는 신앙적인 헌신과 성례의 중요성을 수용한다. 그리고 분명히 하나님의 초월성에 대한 진리도 수용하지만 하나님의 초월성을 멀리서 우주를 지탱하시고 보살피시는 하나님을 바라보는 것과 동일시하기를 거부한다. 이는 "거기"에 계시는 하나님과 "여기"에 있는 피조물로 생각하는 바, 하나님의 초월성에 대한 오해이다. 이와 반대로, 하나님이 창조하셨던 하나님의 초월성은 반드시 하나님의 내재성 안으로 흘러들어 온다.

다른 말로 하자면 하나님의 초월성에 대해 '세상에는 수많은 존재와 사물들이 있다: 오직 한 분만 제외하고 모든 것들은 창조되었다; 그 오직 한 분이란 하나님이시다'라고 이해해서는 안 된다. 물론 피조되지 않은 유일하신 하나님은 모든 것 중 가장 중요한 대상이시지만, 우리가 하나님의 존재하심을 증명하고 하나님의 속성을 설명할 수 있다. 아니다! 이러한 관점은 진실에 위배된다. 하나님의 초월성에는, 하나님이 많은 존재 가운데 하나의 존재라는 어떠한 개념도 포함되지 않는다는 것을 깨닫는 것이 중요하다. 그렇다. 하나님은 모든 존재의 근저(根底: Ground)이시다. 하나님은 내주하시는 분이다. 다시 말해서 만유가 생겨난 바의 근원(根源: Source)으로서, 그리고 만유가 존재하고 있는 바의 근저로서 만유 안에 현존하시는 분이다.

토마스 머튼은 1967년 12월 관상 수녀들의 모임에서 다음과 같이 말했다.

"우리는 내주하시는 분을 향해 기도드려야 합니다. 하

나님은 객체가 아니십니다. …하나님은 주체, 즉 보다 깊은 '나'이십니다. 하나님은 나의 주체성에 있어서 근저가 되십니다. 하나님은 우리 내면에서 당신 스스로를 알기 원하십니다."

이 강연에서 "어떻게 하면 사람들이 하나님과 합일에 이르도록 가장 잘 도와줄 수 있습니까?"라는 질문이 제기되었는데, 이 질문에 머튼의 대답은 분명했다. "우리는 그들에게 이미 하나님과 합일을 이루고 있다고 말해 주어야 합니다. 관상기도란 바로 이미 거기에 있는 것을 '깨닫게 되는 것'에 불과합니다. 우리는 하나님을 또 다른 나 자신, 즉 더 진실되고 더 깊은 나 자신으로서 사랑해야 합니다"(머튼의 개인적 메모).

관상적 영성의 두 개의 기둥

하나님이 모든 존재의 근저라는 것과 관상기도란 이미 거기에 있음을 깨닫는 것이라는 이러한 이해는 "관상적 영성"에 대한 이해를 세우는 두 개의 기둥이 된다.

1967년도에 스미스 대학(Smith College) 학생들에게 보낸 편지

및 머튼의 글을 읽고 나누는 그들에게 머튼은 그들과 하나됨에 대해서 말하면서 감추어진 사랑의 근저(*hidden ground of love*; 이후 *HGL*로 표기) 안에서 모든 것과 하나가 되는 행복보다 더 큰 행복은 없다고 했다. 약 일 년 후 바이스코프(Weisskopf) 박사에게 보낸 편지에서 "존재의 근저"(Ground of being)에 대해서 언급했다.

"우리가 절대 볼 수 없는 깊은 심연 안에, 모든 [실재] 아래에는 모든 모순된 것들이 일치를 이루고 모두가 '바르게' 되는 궁극적인 근저가 있습니다. 그리스도인들에게 이 궁극적인 근저란 인격, 다시 말하자면 자유와 사랑의 근저입니다…"(Letter, April 4, 1968, in Witness to Freedom, 338).

나의 정체성과 유일성과 상호 관계성을 발견하는 것은 언제나 내가 그 안에 있다는 이러한 "사랑의 근저" 안에서이다. 내가 하나님의 현존 안에 있다는 것을 깨닫게 된다면 나와 타인들과의 상호 관계성을 찾을 수 있다. 그렇게 될 때 기도의 역할은 내가 진정 하나님 안에 있다는 그러한 의식적인 깨달음을 얻도록 도와주는 것이 된다. 내가 말하는 바, 만유의 사랑의 근저로서 하나님의 진리가 관상적 영성에 있어서 하나의 기둥이라면, 또 다른 기둥은 이미 존재하고 있는 것을 깨닫는 방법으로서 관상기도라는 것이다. 나는 하나님 안에 있지만, 그 사실을 깨달아야 한다. 매우 사실적으로 표현한다면, 이 말의 뜻은 기도를 함으로써 내가 "어떤 곳에 도달"하고자 해서는 안 된다는 것이다. 왜냐하면 나는 이미 그곳에 있기 때문이다. 오직 이 사실을 깨닫기만 하면 된다. 내가 언급한 바와 같이, 관상기도로 인도하는 침묵기도를 "깨달음의 기도"라고 한 그 이유이다.

그러므로 이미 우리 모두는 존재의 뿌리와 근저에서 관상자들이므로 우리가 진정한 관상자가 되고 있다고 말해서는 안 된다. 왜냐하면 우리 존재의 뿌리에서 우리는 하나님과 하나이며, 이웃과 하나이며, 우리가 살고 있는 이 세상과 하나가 되기 때문이다. 그러므로 기도하는 시간을 이러한 합일을 이루는 방편으로 여겨서는 안 되며, "이미 거기에 있음"을 깨닫는 시간이 되어야 한다. 기도는 우리를 관상자로 만들지 않는다. 그렇다. 기도는 우리가 진정한 관상자라는 사실을 깨닫게 할 수 있지만, 인식의 차원에서 우리들은 대부분 거기에 도달하지 못한다. 기도와 침묵과 독거는 우리 존재의 관상적인 측면을 깨닫는 은혜의 시간이다. 그리고 우리는 그것을 깨닫게 되어야 하지만, 깨닫는 동안 그것은 거기에 있다.

어떤 선사(禪師)의 "그대가 그것을 깨닫더라도 산은 산이요, 물은 물이로다; 또한 그대가 깨닫지 못하더라도 역시 산은 산이요, 물은 물이로다"(山是山 水是水: 역자 주)라는 가르침의 말이 있다. 우리들(우리 모두)은 존재의 중심, 감추어진 사랑의 근저 안에서 관상자들이다. 우리가 이해하든지 이해하지 못하든지 간에, 그것은 이미 존재하고 있다. 그러나 그것을 이해할 때 얼마나 많은 차이가 있는가!

전적인 의존에 대한 직관적인 통찰

관상적 영성의 두 기둥을 (1) 만유 안에 있는 「사랑의 근저」로서의 하나님과 (2) 기도에 대한 궁극적인 의미인 「하나님을 깨달음」이라고 한다면, 이 두 개의 기둥을 규정하고 명확히 설명할 수 있게 하는 직관적인 통찰이 바로 피조성이나 전적인 의존에 대한 경험이라고 할 수 있을 것이다.

잠시 전적인 의존이 의미하는 것에 대해서 생각해 보자. 우리가 사물의 가장 깊은 실재 안으로 들어가 본다면, 모두 그 자체로는 무(無: nothing)임을 발견한다. 깊은 차원에서 그들의 되어 가고 있는 정체성과 개성(혹은 인격)의 유일성이 발견되는 기원 (起源: Origin)과 근저(根底: Ground), 즉 어떤 근원(Source)을 우리가 발견하기 때문에, 그들(우리 자신도 포함된다)은 분명히 존재한다.

우리가 절대 무(絕對 無), 즉 우리들의 전적인 의존을 경험하는 것과 우리 존재의 근저로서 하나님을 경험하는 것은 두 개의 직관적인 통찰이 아니라 하나임이 분명하다. 나의 의존성에 대한 경험이 바로 내가 전적으로 의지하는 하나님을 경험하는 것이다. 하나님에 대한 깨달음은 내 자신이 무(無)임을 드러내는 빛이 된다. 나는 오직 내 안에서 하나님을 본다. 나는 더 이상 거기에 없다. 마침내 나는 관상적인 영성으로 들어가는 암호를 말할 수 있다: "나는 당신이오."

비이원성

이러한 관점에서 매우 분명하게 해야 할 것은 지금 내가 비이원성(非二元性)에 대해 말하고 있다는 것이다. 하나님과 나(나머지 실재들도 역시)는 분리(separate)되지 않는다고 말하고 있다. 분명히 나는 하나님이 아니므로, 나는 하나님과 구별(distinct)된다. 이것이 피조물에 대한 진리이다. 이 세상이 하나님과 같지 않지만, 그럼에도 불구하고 하나님 안에서 그것의 정체성, 즉 그것의 전 존재를 발견한다고 해야 한다.

이러한 관점을 분명히 설명하기 위한 방법으로 기도에 대해서 설명할 때 흔히 사용하는 한 예를 들겠다. 우리는 기도를 흔히 친구들과의 대화로 비유한다. 이러한 대화를 생각해 보자. 지금 당신과 친구 둘이서 말하고 있다. 당신의 집에서 친구와 이야기하고 있다. 그리고 그 친구가 약속이 있어서 둘은 헤어진다. 친구가 떠나자, 이제 당신만 남게 되었다. 조금 전만 하여도 둘(당신과 친구)이 있던 방에 이제 한 사람만 남아 있다. 그 사람이 바로 당신이다.

기도를 이해하기 위해서 위의 예를 사용할 때, 이것이 우리들의 정신세계에서 어떤 작용을 하는지 분명히 알아야 한다. 예를 들 때 비교되는 두 사실이 어떤 점에 있어서는 비슷하지만, 어떤 점에서는 다르다는 점을 말하고 있다. 그러므로 기도를 설명하기 위해 친구와의 다정한 대화를 예로 들 때, 기도와 대화 사이에 어떤 점은 비슷하고 어떤 점은 비슷하지 않다고 말하고 있는 것이다. 기도와 기도에 대한 비유에서 모두 인격적인 만남이 있다는 것은 비슷한 점이다. 기도가 친구와의 대화라는 비유에서는 친구와 나와의 만남이 있으며, 기도에서는 하나님과 나와의 만남이 있다는 점이 같다. 그러나 같지 않은 점이 있다는 것을 잊어서는 안 된다. 그러므로 내가 친구와 대화를 나눌 때, 거기에는 공간적으로 분리된 두 사람이 있다; 나는 이 의자에, 친구는 저 의자에 앉아 있다. 그러나 기도할 때, 나와 하나님 사이에 분리가 없다. 왜냐하면 오직 나의 존재, 나의 정체성, 나의 유일성을 찾을 수 있는 존재의 근저이신 하나님으로부터 잠시라도 분리될 수 없기 때문이다. 따라서 친구와의 대화라는 방정식은 [나 더하기 친구는 둘]이라고 할 수 있다. 그러나 기도의 등식은 [하나님 더하기 나는 둘]이 아니라, [하나님 더하기 나는 하나]로 되어야 할 것이다.

이러한 사실이 나의 의식에 새겨지기 시작하면, 언뜻 생각하기에는 [나 빼기 하나님은 제로], 즉 자신이 완전히 무너지고 있다는 느낌이 온다. 왜냐하면 내 존재의 근저가 없어지면, 나는 존재하지 않게 되기 때문이다. 이 말은 하나님을 떠나 있는 나를 상상할 수 없다는 의미이다. 하나님을 떠나서, 나는 전혀 존재하지 않는다. 나는 거기에 없다.

그러나 이 직관적인 통찰이 언뜻 보기에 "무너지고" 있다는 것이라면, 이 뜻을 더 깊이 생각해 본다면 이 통찰의 반대, 즉

"내가 존재한다면, 나는 하나님 안에 반드시 존재한다"는 것도 성립된다는 사실을 깨닫게 된다. 이는 긍정적이며 즐거운 일이 된다. 내가 있는 곳에 하나님이 계신다. 더 적절한 표현을 하자면 하나님이 계시는 곳에 내가 있다. 거기에 내가 있을 곳은 없다. 이것이 내가 기도에서 생생하게 깨닫게 되는 것이다.

요약한다면, 관상적 영성의 두 기둥은 사랑의 근저로서의 하나님과 이것을 깨닫는 기도이다. 그것들은 하나님께의 전적이며 완전한 의존에 대한 근본적인 인간의 직관으로부터 온다.

관상적 영성은 헌신적 영성에 비해서 언어적이거나 이론적이지 않다. 관상적인 영성은 말 대신에 침묵을, 학술적인 용어보다 체험을 선호한다. 이것은 피조물과 하나님의 만남에 대해서 말하려 하지 않고, 하나님의 현존을 체험하기를 원한다. 가능한 한 분명하게 하나님에 대해 말하는 것이 중요한 것임을 알지만, 이 관상적 영성은 언어적으로 정확한 것에 의존하지 않는다. 왜냐하면 그것은 하나님의 신비와 모든 존재 안에 있는 하나님의 관여하심에 대해 인간의 어떠한 말로도 적절하게 표현할 수 없다는 것을 알기 때문이다. 하나님을 체험하고 하나님 안에서 자신의 정체성을 발견한 관상자라면 마이스터 에크하르트가 말한 "삼위일체에 대해 말하는 자는 거짓말을 하는 자이다"라는 어려운 말을 쉽게 공감할 수 있을 것이다.

내가 지금 설명하고 있는 관상적 영성은 "기도하는 것조차 모르고 기도할 때, 그는 가장 좋은 기도를 드린다"는 사막의 성 안토니가 말한 바 기도에 대한 이해와 매우 같다. 관상적 영성에 있어서 기도에 대한 특별한 점은 무-자의식(無 自意識)이라는 것이다. 만일 기도가 하나님을 "만난다"는 것을 뜻한다면, 관상하는 사람의 의식은 자아에 대한 것이 아니라 하나님에 대한 것이다. 이것은 나의 진정한 자아가 하나님으로부터 분리되어질 수 없다는 것을 아는 데 충분하다. 토마스 머튼은 1966년 1월 2일, 파키스탄에 있는 한 수피 친구(압둘 아지즈)에게 기도 안에의 무-자의식에 대한 글을 보냈다. 머튼 자신의 기도를 설명하면서:

내 마음에 하나님이 아닌 어떤 것은 전적인 무(無)임을 알고자 하는 큰 갈증이 있습니다. 그렇다면 나의 기도는 무와 침묵의 중심에서 솟아오르는 어떤 찬양입니다. 아직도 "내 자신"을 나타낸다면, 이것은 그분께서 이 장애물을 제거하지 않으시면 나는 아무것도 할 수 없는 장애임을 압니다. 그분은 무를 완전히 투명한 것으로 만드실 수 있습니다. 그분이 뜻하지 않으시면, 무(無)는 무 자체로서 객체가 되며 장애물이 될 것 같습니다. 이것이 나의 일상적인 기도 방법입니다. 그것은 어떤 것에 대해서 생각하는 것이 아니라, 볼 수 없는 그분 안에서 잃어버리지 않으면 찾을 수 없는, 그러한 볼 수 없는 얼굴을 직접 찾는 것입니다(*HGL*, 63-64).

관상 상태에서는 내가 하나님을 발견하고, 하나님 안에서 진정한 내 자신을 발견한 내 자신도 잊어버리는 것이다. 나의 진정한 정체는 하나님 안에 있으므로, 나는 진정 "당신이오"라고 말할 수 있다.

의식의 변화

관상적 영성은 회심(metanoia)의 성경적인 실재, 즉 계속적인 변화와 회심이 영적 생활에 있어서 필수적인 의무라고 말하는 헌신적인 영성과 일치할 것이다. 그러나 헌신적인 영성은 우선적으로 행동에 있어서 이러한 변화를 생각하는 반면에 관상적 영성은 이러한 변화를 간과하지 않으면서 의식의 변화를 강조하는 경향이 있다. 더 좋은 행위로써 충분하지 않다. 즉 실재를 보는 시각이 달라져야 한다. 우리는 겉으로 보이는 차원에서 사물을 보는 것이 아니라, 사물의 깊이를 보는 법을 배워야 한다. 이것은 특히 존재하는 모든 것 안에 [감추어진 사랑의 근저]이신 하나님으로부터 분리될 수 없는 세상의 불가분성(不可分性)과 하나님 안에서 모든 실재를 하나로 보아야 한다는 뜻이다. 기도는 사물에 대한 왜곡된 모습을 바로 볼 수 있게 하는 교정 렌즈와도 같은 것이다.

두 가지 결론적인 요점

관상적 영성에 대해서 결론으로 내려야 할 두 가지 요점이 있다. 첫째는 이 관상적 영성이 우리에게 작용하는 바에 대해 관심을 갖는 것이다. 관상과 깨달음의 기도가 의미하는 바를 아는 것으로는 충분치 않다; 이들이 우리를 인도하는 곳을 알아야 한다. 나는 매우 간단히 "우리들을 모든 형제 자매들에게 인도한다"고 대답할 수 있다. 머튼 자신의 이야기를 본보기로 들겠다. 1941년에 머튼은 완전히 세상을 결별한다는 굳은 결심으로 겟세마니 수도원으로 들어갔다. 그는 오직 하나님만을 찾았다. 시간이 흘러가면서 그가 발견했던 바는 하나님을 추구함이란 어쩔 수 없이 자기 자신을 사람들에게로 인도한다는 것이었다. 그리고 물론 이것은 실재에 대한 단순한 관상적 관점의 논리이다. 내가 하나님과 하나가 되면, 모든 자매와 형제들과도 하나가 된다. 관상자는 모든 실재 안에서 사랑의 근저를 찾는다. 이것이 머튼이 말한 바, 관상이란 "실재하는 모든 것 안에서 실재자를 깨달음"(『새 명상의 씨』)이라는 의미이다.

궁극적으로 머튼으로 하여금 "세상을 떠남"이란 긍정적으로는 은유적인 것이며, 부정적으로는 한갓 환상에 지나지 않는다는 것을 깨닫게 한 것은 하나님에 대한 비이원론적인 체험, 즉 하나님은 세상과 구분은 되지만 분리되지 않으신다는 체험이었다. 하나님을 발견함으로 머튼은 나머지 실재자들, 특히 그의 친구들을 찾게 되었다. 그리고 그는 얼굴 없는 다수가 아니라, 개인적인 각각의 인격체를 발견했다. 이들은 모두 하나님의 눈으로 각기 다르고 유일하며, 상호 얽혀 있으며, 모두가 감추어진 사랑의 근저이신 하나님 안에서 각자의 정체성과 유일성을 갖고 있는 자들이었다. 하나님 안에서 형제 자매와의 동일성을 발견하는 것, 즉 인간의 개성이 머튼에게 의미되었던 바였으며 우리도 그렇게 되어야 한다. 우리가 하나님께 의존되어 있으며 모든 실재들이 하나님께 의존되어 있음을 깨달을 때, 우리는 하나님의 모든 백성들과 상호 의존되어 있음을 느끼며, 동시에 그들에게 대한 책임감을 느끼게 된다. 진정한 관상은 반드시 사회적인 의식을 창출한다. 나는 개인적인 도덕의 문제를 넘어서 내가 사는 이 시대에 모든 사람들이 당면하고 있는 사회적인 문제에 관여해야 한다. 내가 형제 자매들을 알지 못할 때, 나는 온전히 하나님을 알지 못한다. 왜냐하면 그들이 나 처럼 하나님 안에 있기 때문이다.

그래서 내가 한 분(一者)을 발견할 때, 나는 많은 형제 자매들을 발견한다. 그리고 역사 안에서 우리가 사는 이 시대의 모든 사람들이 당면한 문제를 다루기 위해 그들과 연대해야 한다는 것을 안다. 브라질에 있는 은수녀 엠마누엘에게 보낸 편지(1962. 1. 16)에서, 머튼은 이러한 연대의 필요성에 대해 피력했다.

> [우리가 사는 이 세대의 문제들은] 매우 크다. … 우리가 살고 있는 이 세상의 복잡한 것들을 해결하기 위해서 지친 듯하다. 그래도 그 일은 절대 필요하다. 우리들은 모든 인류에 대한 보다 큰 책임감을 가져야 하지만, 이러한 문제에 대해서도 책임감을 느껴야 하며, 각자의 나라가 당면한 문제들을 해결해야 한다(*HGL*, 186-87).

이 글은 어떤 의미에서도 그의 관상적 소명에 대해 의구심을 표현한 것이 아니다. 오히려 관상적 소명에 대한 변함없는 확신이다. 계속하여 다음과 같이 썼다.

> 그렇지만 나는 관상자로 있다. 나는 모순이 된다고는 생각하지 않는다. 왜냐하면 최소한 몇몇 관상자들은 그 시대의 하나님의 섭리를 알려고 해야 한다고 생각하기 때문이다. 하나님은 역사(歷史) 속에서 역사(役事)하시기 때문에 역사관이 없는, 즉 역사적 책임감이 없는 관상자라면 온전한 기독교 관상자라고 할 수 없다.

관상적 영성에 대한 두 번째 결론을 내려야 하겠다. 이러한 영적 과정에 몰두함으로써 우리가 "영성을 갖는다"는 모든 생각은 위험한 망상이 될 수 있다는 것을 알게 된다. 여기서 영성이라 함은 격리되어 있는 삶의 한 부분이 아니라 삶 자체이다. 머튼이 에타 굴릭(Etta Gullick)에게 보낸 편지에서, 우리가 어떤 때는 영적이며 어떤 때는 영적이지 않는 것과 같이 우리 존재로부터 기도를 따로 떼어놓는 것에 대해 이의를 제기한다는 말의 의미를 이해한다. 머튼은 편지에 "모든 것에서 하나님께 순종

하는 때부터, 나의 영적 삶은 어디에 있는가? 그것은 문제가 되지 않는다"(1963. 1. 18; *HGL*, 357)라고 썼다.

영성은 우리의 삶의 일부분으로 갖는 것이 아니라 우리 자신이며 우리가 사는 것이라고 이해해야 하는 것과 같이, 관상적 기도는 말로써 드리는 것이 아니라 체험으로써 점점 이해하게 되는 것임을 알아야 한다. 1966년에 토마서 머튼이 다음과 같이 기록하였다.

> 정말 나는 "영적인 것들"에 대해서 쓰기를 원하지 않는다. … 점차 [관상]을 말하는 것에 대해 혐오감을 느낀다. 정말 말해야 할 때를 제외하고는 말이다. 그 말들은 너무 공허하고 하찮은 소리로 들린다. 나는 단지 하나님과 기도에 대해 많은 말들을 뽑아낸다는 느낌을 싫어한다. 실로 나는 매우 서툴고 잘 틀린다는 것을 느끼지만, 그것을 염려하지 않는다. 나는 단지 살아간다(Letter to Mother Angela Collins, December 1, 1966, in *The School of Charity*, 323).

"나는 단지 산다"(I just live). 이 짧은 세 단어는 내가 지금까지 관상적 영성에 대해 말하고자 한 바의 모든 것을 잘 요약한다. 우리는 단지 살고 있다. 즉 하나님 안에서, 그리고 하나님의 현존 안에 있다는 깨달음으로써 우리는 단지 산다. 우리는 또 다른 세 단어인 "당신이오"(It is Thou)라는 말을 가지고 사랑을 확신하면서 하나님께 나아간다. 각각 세 단어로 구성된 두 문장("I just live"와 "It is Thou")은 발음은 다르겠지만, 그 의미는 같다.

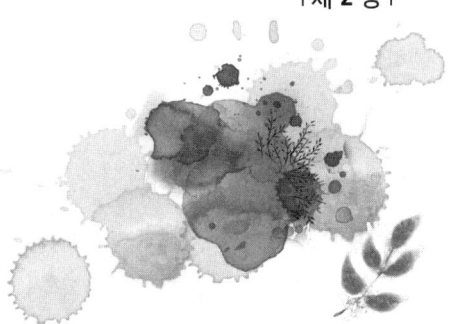

하나님 현존 안에서 살아감

"주님의 현존 안에 살게 도와 주소서."

최근 들어서 점점 더 많은 사람들이 최소한 일 년에 한 차례 피정할 필요가 있다고 생각한다. 자신의 삶을 정리하고, 기도 생활을 심화시키고, 삶 안에서 다른 방법으로는 얻을 수 없을 평화와 평온을 얻으려고 피정을 갖는다. 많은 사람들은 피정하러 온 동기에 대해 각기 다르게 표현할 수 있다. 어떤 사람은

"하나님과 함께 있기 위해서 일상에서 벗어나야 하므로 피정한다"라고 말할 수 있다. 또 어떤 사람은 "분주하게 하는 모든 것을 제거하고 진정으로 하나님을 찾기 위해서 짜여진 나의 일상생활로부터 벗어나야 하기 때문에"라고 할 수도 있다.

담배 포장지에 "흡연은 당신의 건강을 해칠 수도 있습니다"라는 경고문이 있다는 것을 알고 있다. "하나님과 함께 있기 위해 떠남"이라고 피정의 태도를 정의한 데 대해서 경고문을 붙인다면, "영적 지도자가 피정에 대해 그런 결정을 내렸다면 당신의 영적 건강에 위험합니다"라고 해야 한다.

내가 왜 이런 말을 하겠는가? 이러한 태도-소위 하나님과 함께 하기 위해서 떠나야 한다는 것-는 영적 인종차별(spiritual apartheid)이라는 믿음을 갖는 것이며, 이 영적 인종차별을 수용한다는 것은 어떠한 깊은 영성일지라도 그것을 능히 파괴할 수 있는 것이기 때문이다. 여기서 말하는 영적 인종차별이란 무슨 뜻인가? 내가 갖고 있는 「어원 사전」(*Dictionary of Etymology*)에 "*apartheid*는 네델란드 말에서 나왔다. 이 말의 뜻은 'apart-hood'이다." "hood"는 단어 뒤에 붙는 단순한 접미사이다. 그 뜻은 "…의 상태"를 의미한다. 그래서 우리가 "saint-hood"라고 할 때, "성인으로 있는 상태"를 의미한다. "saint-hood"는

"떨어져 있는 상태"를 의미한다. 이는 어떤 사람이 다른 사람과 격리되어 있는 상태를 말한다. 물론, 이 말은 남아프리카에서 백인이 흑인으로부터 떨어져 사는 것을 의미했다.

여기서 내가 말하는 "영적 인종차별"이란 하나님이 피조물로부터 떨어져 계시다는 것을 의미한다. 하나님은 거기에 계시고, 피조물은 여기에 있다. 정치적인 인종차별은 흑인들을 어떤 장소에만 살도록 제한하고 있다. 영적 인종차별은 하나님의 현존을 어떤 장소에 국한하고 있다. 우리는 하나님이 편재하심을 배웠지만, 우리들의 신앙 태도는 너무나 자주 그 가르침에 대한 신념을 잘못 나타내고 있는 듯하다. 하나님과 함께 하기 위해 피정에 왔다고 하는 것은 하나님은 거기에(피정 장소에) 계시고, 여기(집과 직장과 친구를 만나는 곳)에는 계시지 않다는 것을 암시한다. 아니면, 최소한 여기보다 거기에 더 계신다는 것을 암시하는 것이다.

영적 인종차별은 어떤 "거룩한" 장소와 "신성한" 시간으로 국한시킴으로써 영성을 제한하는 경향이 있기 때문에 영적 건강에 있어서 매우 위험하다. 사실 어떤 형태의 영성은 완전히 이런 사고를 갖고 있다. 고전 중에 많이 읽히는 「그리스도를 본받아」(The Imitation of Christ)에서 하나의 예를 찾아볼 수 있다.

이 책의 저자는 "자주 사람들과 함께 할수록, 천한 사람이 되어 집으로 돌아온다"라고 말한 세네카의 말을 인용하였다. 우리는 놀라지 않을 수 없다: 이 말이 사실이라면「그리스도를 본받아」의 저자는 어떤 사람들과 관계했는가?

이러한 형태의 영성은 어떤 특별한 경우에만 "영적"이며, 다른 때에는 영적이 아니라고 생각하는 심리적 상태를 품고 있다. 이것은 영성을 "사적인 것"(privatize)으로 만드는 경향이 있다. 다시 말해서 어떤 사회적인 참여와 상관없는 것은 "영적"이지 않다고 시사하는 경향이 있다. 따라서 이것은 하나님을 제한된 장소에 두는 것이 된다. 왜냐하면 실제로 하나님을 우리들의 삶의 한 영역, 즉 우리가 말하는 "영적"이라는 곳에만 의미를 갖게 하는 것이기 때문이다. 정치적 인종차별은 사람들을 서로 격리하게 하므로 큰 사회악이다. 영적 인종차별은 하나님의 피조물과 하나님의 백성을 하나님으로부터 분리하기 때문에 훨씬 더 큰 죄악이다.

따라서 오늘날 하나님과 함께 있기 위해서 피정하러 간다고 하는 사람들에게 무서운 경고를 해야 한다. 왜냐하면 그들은 어제와 그저께는 하나님과 함께 할 수 없었다는 것을 시사하기 때문이다. 그런 사람들에게 피정할 생각이 없는 가족과 친구들도 하나님의 현존 안에 있음을 분명히 말해 주라. 더욱이 그들이 피정 장소에 도착했을 지라도, 집에 있을 때보다 더 하나님의 현존 안에 있지 않다는 것을 분명히 말해 주라. 그리고-정말 멈칫거리게 하는 것으로서-그들이 피정하러 오기 전보다 피정을 마치고 돌아갈 때 하나님의 현존 안에 더 있는 것이 아니라고 말해 주라.

그들에게 중요하고 분명한 설명을 추가하는 것이 물론 공정하다. 그들이 시작할 때보다 이 피정의 마지막에 하나님의 현존 안에 더 있지 않다는 것이 사실일지라도, 여전히 피정을 끝마칠 때 하나님의 현존 안에 있다는 것을 더욱 깨닫게 될 것으로 기대하는 것은 당연하다.

제1장에서 언급한 바와 같이, 우리가 하나님 현존 안에 있다는 것을 진정으로 깨닫게 되는 것은 우리들의 매우 지대한 영적 욕구이다. 내가 지적한 바와 같이, 이것은 관상적 영성에 있어서 두 개의 기둥 중 하나의 기둥이다. 존재하는 것은 반드시 하나님의 현존 안에 있겠지만, 하나님이 조성하신 인간만 하나님의 현존 안에 있음을 깨달을 수 있다. 나무는 하나님이 만드신 바 그대로 존재함으로써 하나님께 영광을 돌리지만, 하나님께 영광을 돌리고 있음을 알지 못한다. 비이성적인 피조물은 하나

님의 뜻에 복종한다. 즉 그들은 하나님이 만드셨던 바, 그대로 존재함으로써 하나님께 복종한다. "달팽이는 하나님의 뜻에 복종한다-느릿느릿하게." 우리는 "깨닫는 자가 됨으로써" 하나님께 영광을 돌릴 수 있다. 우리는 선택하여 하나님의 뜻을 행할 수 있다. 왜냐하면 우리들만이 하나님을 알 수 있는 놀라운 역량, 즉 올바른 인간성을 가지고 있기 때문이다.

불행하게 많은 사람들은 이 역량을 나타내지 못한다. 즉 하나님 현존 안에 있음을 알지 못한다. 내가 언급한 바와 같이, 우리는 영적 인종차별의 희생자들이다. 우리는 특별한 경우, 즉 하나님 안에 있다고 진정으로 느끼며 거룩한 현존 안에 우리가 있음을 깨달으려고 노력하는 예배 및 기도 시간을 제외하고는 일반적으로 하나님과 떨어져 있다는 생각을 가지고 있다. 그래서 어떤 이들은 "우리들로 하여금 하나님의 현존 안에 있게 해주소서"라고 기도를 시작한다. 당신은 마치 다른 곳, 즉 하나님의 현존 안이 아닌 곳에 있었던 것 같다. 정말 대단한 재주라는 것은 자신을 하나님의 현존 밖에 두는 것일 게다. 그렇게 할 수 있다면-실제로는 불가능하지만-그것은 즉시 영혼의 소멸을 의미하는 것이다. 그것은 당신의 죽음만을 의미하지 않는다. 당신의 존재가 완전히 멸절(滅切)된다는 것을 의미한다.

이것이 우리가 하나님의 현존 안에 존재하는 것과 그러한 사실을 익히 아는 것의 차이를 알 필요가 있다고 주장한 바이다. 하나님의 현존 안에 거한다는 것은 우리 존재의 필수적인 조건이다. 하나님은 나의 존재의 근원(Source)이시며, 내가 살아 생존해 나갈 수 있도록 하는 내 존재의 근저(Ground)이시다. 달리 말하자면, 하나님의 현존 안에 존재한다는 것은 내가 선택할 사항이 아니다. 마치 우리가 "오늘은 내가 하나님의 현존 안에 있겠다"고 하는 것과 같다. 혹은 "오늘 별도의 한 시간을 내서, 그 시간은 하나님의 현존 안에 있을 거야"라고 하는 것과 같다. 그렇다. 하나님 현존 안에 거한다는 것은 선택이 아니다. 예를 들면 "오늘 어머니 집에 가서, 오후에 차를 같이 마시겠다"라고 하는 것과 다르다.

하나님의 현존 안에 거한다는 것은 어떤 사람과 같이 지낸다는 것과 본질적으로 다른 것이다. 왜냐하면 어떤 사람도 내가 존재함에 있어서 필수적인 존재가 못되기 때문이다. 어떤 사람이 애인에게 사랑을 고백하기를 "당신 없이 못살아요. 당신이 없다면 나는 존재할 수 없어요"라고 말할 수 있다. 그러나 이 고백은 존재론적인 고백이 아니라 사랑의 고백이다. 애인과 결별한다면 괴롭기는 하겠지만, 그렇다고 살지 못하지는 않는다.

왜냐하면 애인과의 관계가 매우 친밀했다고는 할지라도 존재 여부가 애인에게 달려있지는 않기 때문이다. 오직 우리에게 없어서는 살 수 없는, 우리가 존재할 수 없는 분은 하나님뿐이다.

예를 하나 들겠다. 우리는 흔히 그리스도인의 삶을 여행으로 비유한다. 그리고 우정으로 비유하건대, 길 가는 우리의 곁에서 같이 여행하시는 하나님을 생각한다. 이런 상황을 놓고 생각해 보라. 어느 날 산책하고 있는데 친구를 만났으며 이야기를 나누면서 함께 걸었다. 그러는 동안 두 갈래의 길에 당도했다. 둘이는 작별 인사를 나누고 한 사람은 오른쪽 길로, 또 한 사람은 왼쪽 길로 헤어지게 되었다. 이제 동반했던 산책은 끝나고, 각자의 길로 떠나갔다.

이 비유를 하나님께 적용해 보자. 우리는 하나님과의 관계를 하나님과 함께 길 가는 것으로 비유해서 생각하자. 엠마오로 가는 길에서 예수님과 함께 걷고 있는 두 제자들처럼 길을 걷고 있다. 길을 걸으면서 대화(즉 기도)를 한다. 이제 두 갈래의 길에 도달하여서 하나님은 오른쪽 길로, 당신은 왼쪽 길로 각자의 길로 헤어진다는 것을 상상하라. 당신은 이제 하나님의 현존 안에 거하지 않는다. 이러한 일이 가능하다면(실제로는 그렇지 못하지만), 어떤 일이 일어나겠는가? 간단히 말해서 왼쪽 길로 들어서는 순간 당신은 그 길을 걷는 것이 아니라, 무(無) 안으로 들어가게 된다. 왜냐하면 하나님에게서 분리되기 때문에 우리 자신의 존재는 무(無)일 뿐이다. 우리는 존재하지 않는다. 나는 이제 없다.

언젠가 애리조나 주에 있는 백 명도 안 되는 주민들이 사는 작은 마을에 대한 짧은 뉴스를 들은 생각이 난다. 겸양의 태도를 지닌 이 마을의 주민들은 그곳을 무(無: Nothing)라고 이름지었다. 어느 날 마을 전체가 화재로 불타버렸다. 이 마을의 화재에 대한 뉴스의 제목을 "'무'에는 무만 남았다"라고 보도했다. 어느 한 순간이라고 하더라도 하나님과 분리된다면, 그때 우리들에 대한 이야기는 "무에는 아무것도 남지 않았다"가 될 것이다.

그러므로 하나님의 현존 안에 거한다는 것은 우리들의 영적 생활에서 다루어야 할 문제가 아니다. 이것은 우리가 성취해야 할 바가 아니다. 왜냐하면 하나님의 현존하심은 이미 언제나 거기에 있기 때문이다. 즉 그것은 피조물에게 갖추어진 필수 조건이다. 흔히 문제가 되는 것은 우리가 하나님의 현존 안에 거하고 있음을 온전히 깨닫지 못하고 있다는 것이다.

깨달음의 의미

하나님을 아는 것이 중요하다고 강조하는 것과 그것이 실제로 어떤 의미인지 분명히 하는 것은 또 다른 문제이다. 우리가 알도록 하는 어떤 자극적인 행동이 있었다고 하더라도, 하나님의 현존을 안다는 것(또한 하나님의 현존하심에 "주의를 기울임: attentiveness", "깨닫고 있음: being awakened" 혹은 "민감한 것: being alive" 등은 동의어라고 할 수 있다)은 우리가 한 어떤 특별한 행동이라고 격하시킬 수 없다. 그러나 가장 깊은 차원에서 하나님을 안다는 것은 우리가 존재(being)하는 것과 행동(doing)에 있어서 다르지 않다.

이 점이 가장 중요하다. 왜냐하면 하나님과 관련된 어떤 행동이 하나님에 "대하여 생각하는 것"이기 때문이다. 하나님에 대하여 생각하고 하나님의 현존을 숙고하는 것은 중요한 영적 훈련이며, 우리들도 이를 수행해야 한다. 그러나 우리가 이 장(章)에서 다루고 있는 바, 하나님의 현존과 하나님의 현존을 안다는 것이 혼동해서는 안 된다. 어떤 것을 안다는 것은 그것에 대하여 생각하고 있다는 것을 뜻하지 않는다. 내가 "안다"는 말을 사용할 때 이는 매우 인격적인 것, 즉 합일을 이루는 어떤 경험을 염두에 두고 있다. 한편으로 생각한다는 것은(하나님에 [대해서] 혹은 다른 어떤 것에 [대해서]) 나누는 경향이 있다. 즉 생각하는 주체와 그것을 생각하는 객체로 나누어진다. 깨달음 혹은 주의를 기울임은 매우 다른 경험이다. 진정한 의미의 깨달음이란 나와 내가 깨닫는 것의 거리를 좁힌다. 주의를 기울임에 대한 매우 깊은 의미는 나와 내가 아는 것의 공백을 매우 가깝게 메운다. 이것은 하나가 되게 한다. 이것이 합일이다.

이것은 중요한 차이점이다. 성경은 우리에게 언제나 최소한 일반적인 방법으로 하나님을 알아야 한다고 말하고 있다. 만일 이 말을 언제나 하나님에 대하여 생각해야 한다고 이해한다면, 그것은 정말 문제가 될 것이다. 심지어 어떤 심각한 사고나 인격적인 분열을 일으킬 수 있다. 언젠가 디트리히 본회퍼가 말하기를 아내와 성 관계를 갖는 동안에 하나님에 대해서 생각하지 말아야 한다고 했다. 독신 사제로서 나는 상상으로만 경험할 수 있지만, 그가 한 말의 요지를 알 수 있다. 그러나 성 관계를 갖는 남편과 아내 모두가 하나님의 현존을 느끼는 상황에서 그 행위를 할 수 있다.

그래서 우리는 하나님을 아는 것에 관하여 생각할 수 있거나 그것에 대하여 말하고, 혹은 그것에 대하여 듣고 혹은 그것에 대하여 글을 쓸 수 있다. 우리는 하나님을 알기 위해서 기도할 수 있다. 그러나 이들 중 누구도 하나님을 실제로 아는 사람은 없다. 이러한 경우(생각하고, 이야기하고, 듣고, 쓰고)에 당신은 무엇을 하고, 구체적인 행동을 하고 있다. 그러나 내가 말했던 바와 같이, 안다는 것은 우리가 하는 어떤 행위(something we do)가 아니라 우리 자신(something we are)이다. 언제인가 누군가 내게 말하기를 "나는 하나님에 대해 알려고 애쓰고 있지만, 알 수 없을 것 같습니다"라고 했다. 물론 알 수 없다. 깨닫는 것은 행위가 아니라 존재, 즉 어떤 사람 혹은 어떤 것과 함께 하는 것이다. 그것은 연합, 즉 하나 됨을 의미한다. 사실상 주의 깊은 깨달음에 있어서 깊은 경험에서 주체와 객체 간의 양분은 사라진다. 나는 어떤 것을 깨닫지 못한다. 나는 단지 알고 있을 뿐이다.

  이것에 대한 이해를 돕기 위해 비유를 들겠다. 어떤 프로 가수가 콘서트 계획을 수립하는 것을 생각해 보자. 콘서트를 준비하는 것과 거기서 노래를 부르는 것은 큰 차이가 있다. 콘서트를 준비하는 과정에서 많은 것을 생각해야 할 것이다. 즉 음악과 기보법(記譜法), 음성과 발성법, 노랫말과 그로 인해 감정을 표현하는 것, 그리고 나도 모르는 많은 것들을 고려해야 할 것이다. 여기에는 주체로서의 가수와 객체로서 음악이 있으며, 이 둘은 분리되어 있다. 그리고 음악 선생과 이야기를 나눌 수 있다. 또한 한 두 번 기도를 할 수도 있다. 그러나 이 모든 것들은 공연 전에 일어나야 한다. 공연이 점점 가까워지면서, 주체와 객체 사이는 더욱 좁아진다. 마침내 공연이 시작되면, 그 가수가 훌륭한 가수라면 이 모든 것들(음악, 음성, 감정 등)은 생각나지 않을 것이다. 정말로 노래 부르는 데 무아지경이 될 것이다. 이제는 가수 더하기 공연이 아니다. 어떤 의미에서 가수는 존재하지 않는다. 가수는 노래와 하나가 된다. 거기에는 순전한 노래만 있다.

이것과 조금 비슷하지만 우리는 생활 속에서 하나님에 대해서 생각하면서 시간, 즉 읽고, 연구하고, 말씀으로 기도하는 시간을 갖는다. 그러나 이것들을 모두 초월하여 주체도 없으며 그 주체에 의해 깨달아지는 객체도 없는 침묵기도를 바치고 싶을 때가 온다. 거기에는 오직 순수한 깨달음, 순전한 기도만 있게 된다. 앞의 음악 콘서트의 비유로 돌아가면, 이것이 T. S. 엘리어트의 시와 같다.

노래 소리가 너무 깊어서
노래 소리는 전혀 들리지 않고,

노래가 흐르는 동안

당신이 노래가 되도다.

The Dry Salvages

순수한 이 깨달음, 이 단순한 주의 집중, 거기에는 주체도 객체도 없는 것, 이것이 토마스 머튼이 말한 바 관상을 의미한다는 것이다. 그는 「새 명상의 씨」(*New Seeds of Contemplation*)에서 이렇게 썼다.

> 깊은 관상기도에는 주체와 객체의 나뉨이 없으며, 거기에는 하나님에 대하여 혹은 자신에 대하여 어떤 설명도 할 이유가 없다. 그가 계시며(HE IS), 이 실재가 다른 모든 것들을 흡수한다(원서 167쪽).

깨달음의 세 가지 차원

하나님과 모든 실재와 함께 하나님 안에 있음을 발견하게 되는 이 주의집중에 있어서 서로 다르지만 각기 긴밀히 연관되어 있는 세 가지 길에 대해 생각할 수 있다. 첫째는 주의집중 또는 깨달음에 대한 가장 기본적인 형태, 말하자면 태어날 때 갖고 나오는 깨달음이다. 이것은 피조물에게 기본적으로 따라오는 패키지의 하나이다. 이것은 하나님 안에 존재하는 데 있어서 필요불가결한 것이다. 왜냐하면 나의 존재의 근원과 근저로부터 분리되면 무(無)가 되기 때문이다. 이러한 깊은 존재론적 깨달음은 우리 안에 묻혀 있다. 많은 사람들은 그곳에 파묻혀 있다는 사실도 모르고 있다. 이것은 무의식에 속하거나 우리 존재의 초월의식에 속해 있으며, 많은 사람들은 그러한 존재의 차원에 도달하지 못한다. 그리고 이것은 우리가 할 수 없는 유감스러운 일이다. 머튼은 영국에 있는 친구에게 보낸 편지에서 "우리 안에 있는 것 중 가장 좋은 것은 무의식 혹은 초월의식이다"라고 했다(*HGL*, 341).

우리 존재의 가장 깊은 곳에 묻혀 있는 하나님에 대한 깊은 깨달음을 구체화하는 수피의 이야기가 있다. 그들의 이야기에 의하면, 세상이 창조되기 전에 하나님은 아담에게 물으셨다. "내가 너를 창조한 너의 하나님이 아니냐?" 아담은 "그렇습니다"라고 대답했다. 수피의 이 이야기에 의하면, 그 뒤로부터 항상 모든 인간들에게 "내가 너를 창조한 너의 하나님이 아니냐?"라는 질문이 들어가 있게 되었다고 한다. 이것은 우리 모두의 "마음에 새겨져 있는" 침묵의 질문-우리의 피조성, 즉 허망하고 허무한 피조물이라는 점을 깨닫게 하는 질문이다. 이 질문은 주의 깊은 깨달음을 야기시킨다. 하나님이 거기 계시다. 하나님은 우리를 조성하셨다. 하나님은 우리의 창조주, 우리 존재의 근원이시다. 그리고 하나님은 창조 사역을 계속하신다. 그러므로 하나님은 우리가 존속할 수 있게 하시는 (비록 감추어졌지만) 영존하시는 근저이시다. 이것이 "내가 너를 창조한 너의 하나님이 아니냐?"라는 질문을 내 안에 넣게 된 이유이다.

그러나 우리는 이 질문뿐만 아니라 이에 대한 응답, 즉 (우리를 창조하신 하나님이심을 깨달음은 '예'라기보다는 차라리) "예, 우리가 여기 있나이다"라고 대답하도록 조성되었다. 이것 또한 우리가 알든지 모르든지 간에, 우리들이 피조될 때 주어진 것이다. 이것은 가장 깊은 침묵의 언어이다.

의식적인 깨달음

우리 내면에 타고난 이 하나님에 대한 존재론적인 깨달음(존재의 관상적인 차원)은 우리가 주의를 기울이지 않더라도 존재한다. 그것은 마치 잠과 같아서 제2의 깨달음인 의식적 깨달음이 오기 전까지는 우리 내면에 잠들어 있다. 이것은 관상적인 기도와 다양한 차원의 깨달음의 기도가 의미하는 바이다. 즉 우리 존재의 본질적인 요소인 근본적인 깨달음을 우리들의 삶의 표면으로 가져오는 기도이다. 관상이란 "깨어남"(waking up), 즉 우리 존재의 가장 중요한 실재가 "생생하게 됨"(coming alive)이다. 침묵과 고요함과 비움의 기도의 시간 동안에, 이 깨달음은 삶의 표면에 부상(浮上)되며 하나님을 아는 체험을 한다. 그리고 동시적으로 내 자신과 하나님 안에 있는 다른 모든 피조물을 알게 된다. 다시 강조하자면, 그것은 어떤 객체나 대상에 대한 깨달음이 아니라 오직 순수한 깨달음이다.

내 생각으로는, 이것이 토마스 머튼이 「새 명상의 씨」를 집필할 때 염두에 둔 것이었다.

> 그것은 마치 우리가 창조될 때 하나님이 우리에게 질문하시고 동시에 답을 주신 것과 같이, 우리들에게 깨달음이라는 것에 대한 답으로 관상을 주셨다. 이는 관상자가 질문과 대답을 동시에 할 수 있도록 하기 위한 것이다(p. 3).

관상이란 "내가 너를 창조한 너의 하나님이 아니냐?"라는 물음을 고요히 듣는 것이며, 그 물음에 "네, 그렇습니다"라고 조용히 응답하는 것이지만, 그 질문과 응답은 단순히 듣고 말하는 것이 아니라 나의 존재 자체로 이해되는 예리한 깨달음으로 응답하는 것이다. 그 질문과 대답은 우리를 하나님 안에 바르게 놓는다. 하나님을 떠나서 나는 대답이 아니며, 그 질문 또한 아니다. 나는 아무것도 아니다.

그러나 우리는 하나님에 대한 주의 깊은 깨달음이란 분리된 주체로서의 내가 객체로서의 하나님에 대하여 안다는 것을 절대 의미하지 않는다는 점을 잊지 말아야 한다. 왜냐하면 분리된 주체로서의 나는 단지 존재하지 않기 때문이다. 마찬가지로 하나님 또한 우리들의 사상이나 생각의 대상이라고 해서는 안 된다. 하나님을 우리들의 사상이나 생각으로써 이해하려는 순간(즉 하나님을 우리들의 사상과 생각의 객체로 만드는 순간에), 하나님은 우리들의 의식으로부터 사라진다. 하나님의 현존 의식을 우리들의 사상과 말로써 대체(代替)한다. 즉 하나님이 아니라, 하나님에 [대해서] 말하고 생각하는 것으로 대체된다.

따라서 앞에서 지적한 바와 같이, 하나님을 여러 객체 중에 존재하는 하나의 객체, 또는 이러한 여러 객체들 가운데서 가장 위대한 객체라고 하더라도 그렇게 생각하는 것은 잘못된 것이다. 하나님은 근원이시며, 그로써 모든 실재가 생겨난다. 하나님은 근저이시며, 그로써 모든 것이 존속한다. 하나님은 모든 것 안에 계시며 모든 것들은 하나님으로 인하여 존재한다. 하나님을 안다는 것이 객체로서의 하나님에 대하여 아는 것이 아니라는 것은 바로 하나님은 모든 것의 근원이시며 근저이시라는 이유이다. 그것은 순수한 깨달음, 단순히 주의를 기울임이다. 토마스 머튼은 「새 명상의 씨」에서 다음과 같이 기록하였다.

> 하나님은 "무엇"(What), 어떤 "것"(thing)이 아니라 순전하신 "분"(Who)이시기 때문에, 하나님과 같은 "것"(thing)은 없다. 그분은 가장 내밀한 "나(I)의 깨달음", 그리고 "사랑"이시다. 그분은 나를 하나님의 형상을 따라 지으신 분 앞에 서게 하시고, 미천한 내 안에 계시는 조물주 하나님을 생각하게 하시고, 나로 하여금 "나입니다"(I am)라고 대답하도록 하시기 위해서 나를 무에서 불러내어 존재하도록 하신 살아 계시는 하나님, 야훼, "스스로 있는 자"(I AM)이시다. 그리고 사도 바울처럼, 나는 생래적(生來的) 존재를 초월하여 마치 내가 산 것이 아니요, 오직 내 안에 그분만 계시는 것처럼 "그리스도 안에" 있는 고귀한 존재라는 역설적인 깨달음을 얻는다(Unpublished letter to Marie Tadie, November 22, 1962).

그러므로 관상에서 참자아를 발견한다고 말할 수 있다. 왜냐하면 참자아란 우리가 알고 있든지 모르고 있든지 간에 언제나 존재하고 있기 때문이다. 즉 [나]라는 존재는 하나님으로부터 나오기 때문이다. 나는 하나님과 분명히 구별되지만(나는 분명히 하나님이 아니다), 그렇지만 하나님으로부터 분리되지 않는다(왜냐하면 존재의 근저로부터 분리된다면 어떻게 존재할 수 있겠는가?). 또한 나는 하나님 안에 근저를 갖는 다른 실재들과도 분리되지 않는다. 그러면 진정한 자아의 행복은 "설명이 없는 감추어진 사랑의 근저 안에서 모든 것과 하나로 존재하는 행복"이 된다. 모든 것과 "하나 됨"(at-oneness)은 모든 것을 통하여 흐르는 사랑, 즉 만유의 만유이시고 감추어진 근저이신 사랑의 교통 안에서 정체적으로 경험되는 것이 아니라 역동적으로 경험된다.

그러므로 진정한 영성의 목적은 우리를 깨닫게 하는 것-하나님만 아는 것이 아니라 우리 자신을 알고 인간들과 사물들의 광범위한 세계도 알게 하는 데 있다. 알아간다는 것은 실제로 깨닫고 있음이다. 즉 우리는 영적 인종차별의 잠으로부터 깨어 일어나며 진정으로 생생하게 된다.

침묵기도에서 체득하는 하나님에 대한 이러한 의식적인 깨달음은 근본적적이고 존재론적인 깨달음과 같이 선물이다. 우리는 이것을 받기 위해 우리 자신을 개방할 수 있다. 우리는 그것을 위한 소질을 개발하기 위해 노력할 수 있다. 이것이 깨달음의 기도의 정확한 의미이다. 그러나 이 의식의 깨달음이 올 때, 이것은 언제나 값 없이 주는 선물이다. 하나님이 주시기로 할 때 이 깨달음은 언제나 올 수 있다. 그리고 나는 실제로 많은 사람들이 이 선물을 가지고 있다고 믿는다. 어떤 때는 우리 내면과 모든 실재들 안에 하나님이 현존하심을 체험하더라도 하나님 안에 있는 우리와 모든 실재에 대한 경험이 무엇인지 모를 때가 있다. 이러한 깊은 체험의 순간이 기도를 위해 별도로 마련된 시간에만 꼭 오는 것은 아니다. 그러한 깨달음은 군중 안에 있을 때나 혹은 자연의 아름다움에 젖어 있을 때에도 흔히 올 수 있다. 그러나 깨달음의 때가 기도 이외로부터 온다고 하더라도, 최소한 일반적으로 말하자면 그것은 기도 때문이라고 할 수 있다.

보편적인 깨달음

이러한 두 가지의 깨달음, 즉 우리의 존재론적인 조건인 근본적인 깨달음, 그리고 주의를 집중하는 특별한 의식적인 깨달음

(이는 관상과 동시에 깨달음의 기도에서 일어나는 깨달음)을 제외하고, 내가 믿기에는 하나님의 현존에 대해서 우리들의 주의를 기울이는 세 번째의 깨달음이 있다. 이것을 하나님에 대한 보편적인 깨달음이라고 할 수 있는데, 이것은 우리의 기도로부터 나오며 우리의 삶의 방식에 있어서 하나의 요소가 된다. 우리는 책무와 의무를 수행한다. 우리는 반드시 하나님의 방법을 의식적으로 유념하지 않아도 된다(왜냐하면 우리들이 의식적으로 주의를 기울여야 하는 다른 일들도 있기 때문이다). 그러나 우리에게 언제나 하나님의 현존 안에 있다는 일반적인 느낌이 스며들어 있다. 실제로 하나님의 현존 안에 있다고 느낄 때(비록 순간적이지만)가 있다. 이러한 하나님의 현존에 대한 느낌은 젊은이들(혹은 나이가 든 사람들)이 사랑의 행위에서 경험하는 "상호적인 느낌"과 비교할 수 있다. 그들이 매우 주의를 기울여야 하는 일을 열심히 하는 동안에도 서로 함께 하고 있다는 느낌에 젖어있다.

이러한 하나님에 대한 보편적인 깨달음(가끔 표면에 떠오르는 깨달음)은 사도 바울의 "쉬지 말고 기도하라"(살전 5:17)는 교훈을 따를 수 있게 한다. "쉬지 말고 기도하라"는 말씀이 하나님에 대하여 "항상 생각하라"는 것을 의미한다면, 이 말씀은 실현 가능성이 없다. 오히려 이 말로 인해 위험에 처할 수도 있다(예를 들면 고속도로를 달리고 있는 사람에게). 그러나 "쉬지 말고 기도하라"는 말씀이 언제나 하나님의 현존 안에 침잠(沈潛)하고 있다는 깨달음에 주의를 기울이지 않는 것, 즉 생활 속의 어떤 "상황"을 의미한다면 "쉬지 말고 기도하라"는 말씀은 분명히 가능하게 된다.

1968년 3월 27일, 토마스 머튼은 "쉬지 않는 기도"의 의미를 물어온 갈멜수도회 수녀원장에게 회답을 보냈다. 머튼은 이 기도가 오랫동안 전해 내려온 전통-사막의 교부들에게까지 거슬러 올라가는 전통이라고 회답했다. 그러나 머튼은 가끔 오해를 받았다는 것을 지적했다. 사람들이 쉬지 않는 기도를 어떤 개념이나 대상이나 느낌에 계속 집중해야 한다는 의미로 받아들일 때 매우 심각한 문제가 된다. 머튼이 계속 쓰기를 "그것이 진정 의미하는 바는 하나님께 대한 연속적인 개방, 주의를 기울임, 귀 기울임, 평상적(平常的)인 것으로 여기는 것 등이다"라고 했다. 그리고 계속해서 쓰기를 머튼 자신의 영성의 전통을 이해함에 있어서 선(禪)의 영향을 받았다고 했다.

선(禪)에 있어서, 그것은 어떤 것에 대한 깨달음이 아니라 단순한 깨달음이라고 한다. 그래서 의도적으로 어떤 사물, 즉 객체에 대해 분별심(分別心)을 쌓는다면, 그것의 목적하는 바-또는 하나님의 목적하시는 바를 상실하게 된다. 이것을 가장 자발적이고 단순한 어떤 방법이더라도 언제나 하나님을 사랑한다는 것으로 생각한다면, 실수는 면할 수 있을 것이다(Unpublished letter to Mother Mary Threse, OCD, at the Merton Center, Louisville, Ky.).

나는 이 장을 마무리하면서 하나님의 현존에 대한 세 가지의 짧은 기도 가운데 첫 번째 기도이며 이 책의 중심 메시지가 되는 기도, 즉 "당신의 현존 안에서 살도록 도와주소서"라는 기도를 드리게 하고자 한다. 이 기도의 동사에 주목하라. 이 기도는 "당신의 현존 안에 있도록 도와주소서"라고 하지 않고 있다. 이러한 도움을 청할 필요가 없다. 왜냐하면-그동안 언급했던 바와 같이-하나님 현존 안에 있다는 것은 우리 존재의 기본 조건이기 때문이다. 우리가 알고 있든지 알지 못하든지 간에, 우리는 언제나 하나님 안에 있다.

위에서 언급한 기도를 자주 반복하는 것은 매우 효과적이다. 왜냐하면 우리의 삶이 변하는 것은 우리가 하나님의 현존 안에 있다는 것을 알기 때문이다. 그러므로 우리들의 기도의 목적은 성성(聖性)의 현존하심을 알고, 계속해서 이 깨달음을 심화시키는 데 있다. 거룩한 현존을 깊이 깨달아 가는 것이란 우리가 사는 날 동안 더욱 주의를 기울임으로써 그의 현존 안에서 살아간 다는 뜻이다.

하나님 현존의
기쁨을 누리는 삶

"당신의 현존 안에서 삶의 기쁨을 경험하게 하여 주소서."

이 장에서 다른 차원의 기도에 대해 생각하고자 한다. 하나님의 현존 안에 "존재하는 것"에서 그의 현존 안에서의 "삶"으로 이동함으로써(최소한의 목표로서), 다른 단계로 넘어가고자 한다. 즉 "존재"와 "깨달음"을 넘어서 하나님의 현존 안에 머물게 됨으로써 오는 기쁨(JOY)으로 나아가는 단계이다. 이 목적을 이루기 위해 나는 독자들에게 이 장의 제목 밑에 있는 짧은 기도인 "나로 하여금 당신의 현존 안에서 삶의 기쁨을 경험하게 하여 주소서"라는 기도를 제시하는 바이다.

나는 처음에 이 기도를 하는 데 어려움을 겪었다는 것을 고백한다. 성찬 예배에서 처음에 이 기도를 보고 이것이 기도 생활에 적절하다는 것을 알고서는, 내 기도에 적용하려고 이 기도문을 복사하였다. 그러나 금방 이 기도문으로 기도하는 데 있어서 복잡한 느낌이 들었다. 기도문처럼 나는 하나님의 현존 안에 삶으로써 기쁨을 경험해야 한다는 생각이 들었다. 그와 동시에 이 기도를 정직하게 드릴 수 있을지 전혀 확신이 들지 않았다. 왜냐하면 내 자신이 하나님의 현존 안에 삶으로써 오는 기쁨을 느끼는지 확신하지 못했기 때문이었다. 내 문제는 나의 삶에 기쁨을 가져다주는 하나님의 현존과 하등 관계가 없을 법한 그런 경험을 생각하고 있다는 데 있었다. 나는 글쓰기를 좋아한다. 하나님의 현존을 경험하는 데서 기쁨을 얻기보다는 하나님의 현존에 대한 글을 쓰는 데서 기쁨을 더 얻었다고 말하지 않을 수 없다. 그래서 나의 삶에서 다른 기쁨을 생각하고 있었다. 나는 친구들과 함께 하는 기쁨을 누렸다. 나는 좋은 책을 읽거나, 좋은 파티에 참석하거나, 어려움을 당한 사람에게 충고를 하거나,

훌륭한 강론이나 설교를 함으로써 기쁨을 누렸다. 나는 좋은 음식으로 먹고 마시거나, 좋은 영화 또는 야구 경기를 보거나, 좋은 교향악단의 연주를 들음으로써 기쁨을 누렸다.

그러나 나의 삶에서 경험했던 다양한 기쁨들의 계층적인 순위를 매겨야 한다면, 내가 하나님을 체험한 것을 제1순위에 둘 수 있을지 전혀 확신을 갖지 못했다. 물론 그 체험이 그 순위에 놓여야 한다고 느꼈다. 그러나 동시에 나는 정직해야 하며, 내 삶에서 마땅히 되어야 한다고 생각하지만 실제로는 그렇게 되지 않은 것을 말하는 것보다는 실제로 되고 있는 것을 말해야 한다고 느꼈다.

그래서 나는 이 기도를 드리면서 조금은 숨이 막혔다. 그러나 이 기도를 계속 드리면 실제로 그렇게 되지 않을까 은근히 기대하면서, 이 기도를 계속했다. "소원을 빌면 그렇게 되리라. 오직 소원을 빌면 근심 걱정은 사라지리라"는 흘러간 노래가 있다. 나는 여기 "근심 걱정이 사라질 것이다"라는 노랫말 대신에 "기쁨이 올 것이다"로 되어지기를 원한다.

이 기도를 반복해도 나의 우선순위 리스트에서 하나님이 계셔야 할 순위에 올라야 한다는 염려를 해소시켜 주지 못했다. 그렇지만 그것이 작용했던 바는 "하나님을 경험한다는 것은 어떤 의미일까?" 그리고 "이것을 어떻게 인간의 삶에서 가장 큰 기쁨으로 여길 수 있는가?"라는 등 나를 더욱 깊은 질문으로 몰아갔다. 끝내 이러한 생각은 출애굽기 3장으로 나를 인도했으며, 이것은 결국 하나님의 현존 안에서 기쁨을 누린다는 뜻을 이해하는 데 온전히 새 길을 열어 주었다.

출애굽기 3장

하나님에 대한 우리들의 생각을 인도하는 데 있어서 출애굽기 3장은 성경에서 가장 중요한 부분이다. 이 기록은 하나님에 대해 한 사람이 경험한 모든 것, 즉 성경의 이야기를 이해하는 데 있어서 중심이 되었던 경험에 관한 것이다. 이는 모세에 대한 이야기이며, 그가 어느 날 광야에서 불타는 떨기나무를 어떻게 보았는지 기억하라. 모세가 보니 떨기나무에 불이 붙었지만 영원히 사라지지 아니할 듯했다. 모세는 떨기나무 불꽃 가운데서 나오는 음성을 들었다. 그 음성은 아브라함의 하나님, 이삭의 하나님, 야곱의 하나님이심을 밝히면서 모세에게 하나님의 백성을 노예에서 구해 내어 자유케 하라는 불가능한 임무를 주셨다. 모세는 두려워 떨면서, 하나님이 나를 보내셨다 했을 때

백성들이 그의 이름이 무엇이냐고 물으면 무엇이라고 대답하겠느냐고 하면서 감히 하나님의 이름을 물었다.

그 음성이 들려준 대답은 네 개의 히브리어 자음이다. 포로로 잡혀간 후에 유대인들이 거룩한 이름을 부르지 않았으며 성경 시대에 히브리 언어에는 모음이 없었기 때문에, 이 네 자음에 붙은 모음은 희미한 옛 역사 속에 잊혀졌다. 어떤 이들은 여호와(Jehovah)라고 거의 분명하게 틀린 발음을 한다. 또 다른 이들은 추측에 불과한 야훼(Yahweh)라고 발음한다. 대부분 성경 역본들은(예루살렘 성경은 불행한 예외) 그 네 자음을 주(Lord)로만 번역한다(이것도 독점적인 언어로 본다면 그 나름대로의 문제가 있다).

거룩한 이름에 대한 뜻

그러나 그 단어의 발음보다 더 중요한 것은 그 말이 의미하는 바이다. 우리가 그 단어의 발음을 정확히 모르는 것과 같이, 그 의미도 역시 모호하다. 대부분의 학자들은 이 단어가 하나님의 현존과 관련되어 있다고 믿는다. 그리고 물론 이것은 "나로 하여금 당신의 현존 안에서 삶의 기쁨을 경험하게 하여 주소서"

라는 기도의 의미와 씨름하고 있던 나에게 큰 호기심을 자아냈다. 나는 자문하기를 "하나님의 이름이 이 기도의 의미를 찾을 어떤 단서를 줄 수 있을까?"라고 했다.

하나님의 이름이 그의 현존을 표현하는 것이라고 믿는 신실한 서구 학자들이지만, 히브리인들의 기억 대신에 학구적인 철학에 의존하는 이들은 그 이름을 하나님의 존재론적인 현존으로 이해했으며, "나는 스스로 있는 자"라고 번역했다. 이것은 뜻했던 바가 아니다. 하나님의 음성은 철학자에게가 아니라 한 유목자에게 말했던 것이다.

전체 성경의 문맥을 비추어 보면, 그 이름은 하나님의 현존을 '구원하시는 현존', 즉 그 백성들에게 구원과 자유와 새 삶을 가져다 주는 현존이라고 하는 것이 더 그럴 듯하다. 마틴 부버(Martin Buber)는 하나님의 이름이 모세에게 주어졌기 때문에, 그 이름은 "내가 애굽에서 일어날 임박한 위기에 정녕 너와 함께 하리라"는 것을 의미한다고 했다. 그리고 독자들은 애굽에서 일어났던 것이란 하나님이 이스라엘 백성들을 노예에서 구원하셨으며, 그들을 해방시키신 것임을 기억할 것이다. 그의 백성을 애굽에서 인도하여 낸 후에, 하나님은 낮에는 구름 기둥으로, 밤에는 불 기둥으로 그들 앞서 가셨다. 이 구름과 불 기둥은 구원하시는 하나님의 현존의 표징이었다.

그러나 시간이 지나면서, 하나님께서 구원하시는 하나님으로서 그 백성들과 언제나 함께 하신다고 말씀하신 첫 만남에 대해서 점차 잊어갔다. 백성들은 그가 구원하시는 하나님이 아니라고 느끼게 되었다. 그래서 이스라엘의 후손들은 "하나님께서 나의 삶에서 구원의 길로 인돌하고 계신다는 것을 어떻게 알 수 있습니까?"라는 질문을 하나님께 제기하였다. 그들이 개발한 대답은 매우 간단한 것으로서, "일이 순조롭게 잘 되면 하나님이 나의 삶에 현존해 계신다는 것을 안다"는 것이다. 만일 일이 잘 되지 않으면, 하나님이 삶에 현존하지 않으신다는 것이다. 가장 솔직한 표현으로 하자면 이런 태도는 "하나님의 현존은 풍요(豊饒)로, 하나님의 부재는 빈궁(貧窮)으로 가늠된다"는 것이다.

이것은 구약에서 일반적으로 발견되는 심리구조이다. 이것은 시편의 주제로서 반복된다. 그러나 히브리 성경에는 모든 사람들이 이 해답에 만족하지 않고 있음을 나타내는 증거가 있다. 왜냐하면 이것은 사실을 잘못 전하는 것으로 보이는 해답이기 때문이다. 이러한 정통적인 입장에 대해 가장 극적으로 이견을 표현하는 것은 히브리 성경 중 온전히 순전하고 정직한 의인이었지만 극심한 고통을 당한 이야기인 욥기이다. 그러나 욥과 다른 이들의 질문에도 불구하고 이 심리구조는 지속되었고, 예수님의 시대에는 매우 활발했다. 그리고 예수께서 분명히 이 사상을 부인하셨지만, 주님을 따르는 자들은 수 세기 동안 그것을 수용하는 데 너무나 빨랐다.

그러나 아직도 질문이 남아 있다. 즉 하나님의 이름이 현존을 의미하고 그 현존이 다른 현존의 의미와 같지 않고 구원하시는 현존이라면, 어떻게 내가 하나님께서 나의 삶에 구원하는 현존, 구원의 길이심을 알 수 있는가? 더욱이 씨름해야 할 질문이 더 있다. 즉 하나님은 구원하는 길로서 현존하시는가 혹은 하나님은 구원하시는 하나님이 아니실 때가 있는가? 이것은 소위 "종교"의 요소를 구성하는 질문들이다. 이것은 실제로 이스라엘의 종교에 관한 모든 것이다. 이것은 어떤 종교에 관한 모든 것이다. 이것은 기독교에 관한 모든 것이다.

모든 종교에 있어서 구원의 질문과 관련된 원리를 갖고 있다. (이것이 철학과 종교가 다른 점이다.) 대부분 종교의 경전으로부터 언뜻 보이는 구원에 관한 질문은 "어떻게 구원하시는 하나님을 찾는가?"이다. 또는 출애굽기 3장 및 이스라엘 백성들의 연속되는 경험을 비추어 보면, "하나님께서 우리들의 삶에서 구원하시는 현존으로서 우리와 함께 하시는 지를 어떻게 아는가?"라는 질문이다. 더 나아가서는, "어떤 때는 하나님이 구원하지 않으시는 분으로 계시는가?"라는 불길한 질문도 있다.

우리는 이스라엘 민족의 가장 최초의 경험에서 얻은 대답을 보았으며, 이스라엘 후손들의 대답도 들었다. 그리스도인들의 대답은 실망스러울 만큼 단순하다. 첫째, 하나님은 구원하시는 하나님으로 언제나 현존하신다. 둘째, 하나님의 구원하시는 현존의 표징은 오직 하나이며, 그것은 구원받고 있는 것에 대한 경험이다.

구원하시는 현존의 의미

우리 자신에게 해야 하는 종교적인 근본 질문은 "나는 구원받은 경험을 갖고 있는가?"이다. 이 질문에 나는 명확하게 "그렇다"고 대답하고 싶다. 나는 우리 모두가 계속 구원의 경험을 하고 있다고 대답하기를 바란다. 우선, 가장 근본적인 의미로 구원에 대해서 생각해 보자. 하나님을 떠나서 우리는 절대 무(無)다. 그것은 우리가 무의 심연(深淵)으로 빠지지 않도록 매 순간을 지켜주시는 하나님의 현존 안에 있기 때문이다. 그러므로 삶의 순간마다 우리는 하나님에 의해 구원받고 있다. 즉 우리는 영혼의 소멸과 사멸과 허무로부터 구원받고 있다. 오히려 존재하고 있다는 그 사실만으로도 우리는 하나님의 구원의 현존을 경험하고 있다.

이러한 깨달음-인간으로서 존재한다는 것만으로도 기쁨을 느끼는 것이 구원의 하나님 현존이라는 깨달음-은 진정으로 나를 자유케 하는 깨우침이었다는 것을 말하고 싶다. 그것은 내가 "나로 하여금 당신의 현존 안에서 삶의 기쁨을 경험하게 하여 주소서"라는 기도를 더 잘 이해하게 했다. 그것은 내가 더 이상 가짜로 기도하는지도 모른다는 의심 없이 기도할 수 있게 해주었다. 내 존재의 은혜-하나님의 현존으로부터 떨어질 수 없다는 은혜 가운데 축복을 받았기 때문에 크거나 작거나 내가 삶에서 누렸던 모든 일에 기쁨이 있다는 것을 알 수 있었다.

앞에서 하나님의 현존을 깨닫는 것이 중요하다고 했다. 여기서 우리가 깨달아야 할 그러한 현존의 의미를 발견하기 위하여 우리의 생각을 조금 더 깊이 들어가도록 하겠다. 나는 현존이란 그것이 정적(靜的)인 현존(하나님께서 거기에 계셨다. 그리고 끝!)이 아니며, 구원하시는 현존이며, 특별히 이 구원하시는 현존은 하나님께서 매 순간 우리를 사멸(死滅)로부터 구원하신다는 사실로써 알게 된다는 것을 말하려는 것이다.

더 나아가 나를 구원하시는 가장 기본적인 것 이외에도 하나님께서 계속하여 나를 구원하고 계시는 다른 것들이 많다는 것을 알아야 한다. 하나님은 우리를 영혼 소멸만이 아니라, 죄악과 미련함으로부터 구원하고 계신다. 물론 때로는 우리들의 죄성과 탐욕과 자기 집착과의 싸움을 하지 않는 것이 아니다. 그러나 하나님은 언제나 거기에 계시면서 우리들을 부르시고, 힘을 주시며, 기다리신다.

하나님의 현존이 언제나 구원하시는 현존이라는 것을 우리가 정말 믿는다면, 조건 없는 사랑으로 다른 사람들과 만날 때 우리가 구원되고 있음을 알게 된다. 우리들의 관계에 막힌 벽을 허물고 다리를 놓을 때, 우리는 구원 받는다. 하나님 안에 있는 우리 존재의 깊은 곳에서 진정한 자아를 추구할 때, 우리는 구원 받고 있다. 우리가 단순히 함께 모여 사는 존재가 진정한 공동체로 될 때, 진정으로 구원 받고 있음을 경험하게 된다. 이 구원의 경험은 하나님의 현존을 구원의 현존으로 경험하는 유일한 길이다. 우리는 구원의 경험을 통해서 구원하시는 하나님을 발견한다.

사실 우리의 삶에 참 기쁨을 주는 것-친구를 사귀고 사랑하는 것; 작가, 가수, 댄서, 남편, 아내가 되는 것; 사제나 성경 봉독자나 혹은 다른 사역자로서 성찬 예배를 인도하는 것; 좋은 음식을 만들고, 걷고, 조깅하고, 수영하는 것; 우리가 갖고 있는 것을 선물로 주는 것; 그리고 우리가 느끼는 다른 것 등—이 무엇이든지 "구원 받고" 있는 경험의 한 국면(局面)이거나 그 국면이 될 수 있다. 우리는 이 경험에서 기쁨을 느끼며, 확신을 갖고 "나로 하여금 당신의 현존 안에서 삶의 기쁨을 경험하게 하여 주소서"라고 기도 드릴 수 있다. 왜냐하면 그 기도가 실제로 우리가 하고 있는 바라는 것을 이해하기 때문이다.

그러나 우리에게 이 기쁨에 대한 경험이 정말 있다면, 내가 앞에서 언급한 바 영적 인종차별(apartheid), 즉 우리의 삶을 구분 짓고, 무엇은 "영적"이며 무엇은 영적이 아니라고 하는 "분리"(apart-hood)에 대한 경고를 조심해야 한다. 우리는 이 영적 인종차별로 인하여 우리들의 삶의 어떤 영역은 구원과 관련된 것이며, 다른 영역은 구원과 상관없다는 그런 생각을 하지 말아야 한다. 특히 우리에게 즐거운 것이라면 구원과 관계없고, 우리에게 어려운 것이라면 구원과 관계가 있다는 사고방식을 버려야 한다. 더욱 곤란한 것은 "거룩한" 물건이나 행동은 구원과 관계있지만, "세속적"인 것이나 행동은 구원과 상관없다고 여기는 태도이다. 또는 교회에서 하는 것이라면 구원과 상관있지만, 집에서나 직장에서 하는 것이라면 구원과 상관없을 것이라는 심리 상태이다.

1989년 4월 22일자 「아메리카」(America) 지(誌)에, 주로 가톨릭 출판물에 기고하면서 가끔 책도 내는 가톨릭 평신도인 미치 핀리(Mitch Finley)라는 사람의 글이 실렸다. 그의 글은 "현대 가톨릭 평신도의 고백"이라는 제목이었다. 그 글은 가톨릭 평신도로서 경험한 것이다. 그의 글이 바로 우리가 논의하고 있는 것과 특히 관련되어 있다.

> 나의 가장 근본적인 종교적 경험은 교회에서 한 것이 아니다. 오히려 나의 결혼과 가족간의 관계에서 비롯된 것이다. …내 남편과 아이들은 성례식과 교회의 어떤 제도보다도 더 자주 하나님의 은혜를 전달해 주었다. 다시 말하자면, 나의 이러한 경험은 가정 생활이 바로 진정한 교회 생활의 형태라는 초대 그리스도인들의 믿음을 입증했다.

일반적으로 말하자면, 필자는 우리가 흔히 "거룩한" 것이라고 하는 것보다 소위 "세속적"이라는 것에서 하나님 현존의 기쁨을 더 많이 경험했다는 것이다. 그의 글은 하나님은 오직 교회에만 있고 세상에는, 특히 가족과 친구들이 사는 세상에는 없다고 여기는 영적 인종차별을 강하게 경고하고 있다. 우리는 세속과 거룩한 것의 예리한 구분을 지으면서 성장했기 때문에, 이것은 필요한 경고였다.

최근 휴가 중에 교구 사역을 위한 본당 미사에 참석하게 되었다. 나는 거기에 참석한 사람들이 그 사역의 성공을 위해 바칠 기도문을 받았다. 그 기도문은 기도 형식을 갖추었지만 오히려 설교라고 하는 편이 좋겠다. 내 말은 그것이 하나님께 아뢰는 기도가 아니라, 그 사역에 대해서 울타리를 치거나 동참하지 않으려는 신자들에게 하는 말과 같은 것이라는 의미이다.

그것은 훌륭한 교구 신자란 모름지기 어떤 사람이어야 하는지를 설명하는 것으로 시작되었다.

전능하신 하나님
나는 주께 더 가까이 가고자 원합니다.
나는 주님을 더욱 큰 희생을 바쳐 사랑하고
주님의 음성을 더욱 분명히 들으며
주님을 더욱 가까이 따르기 원합니다.

그 다음은 "교구 신자들의" 양심에 대한 검사, 즉 그들로 하여금 그 사역에 참여하지 못하게 하고, 그래서 이 기도의 첫 부분에 나오는 그러한 이상적인 신앙생활을 못하게 하는 분주함이라는 말로 시작된다. 그리고 물론 교인들은 이러한 분주함이 오직 변명에 불과하며, 실제로 노력한다면 분명히 분주한 삶이지만 교구의 사역에 동참할 수 있는 시간을 할애할 수 있은을 알고 있다는 것으로 이어진다.

> 주님, 나의 생활은 너무나도 바쁩니다.
> 당신을 위하여 시간을 낸다는 것이
> 그렇게도 어렵다는 것은 이 때문입니다.
> 주님은 나의 형편을 잘 아시지요.
> 가족에 대한 책임,
> 일, 건강, 필요한 휴식 등.
> 내가 해야 할 일들이 너무 많아서
> 거기에다 한 가지 더한다는 것은 망설여집니다.

그렇다면 교인들은 올해에 그 계획을 하지 않는 것이 더 현명한 처사라고 결정하는가? 아니면, 그들이 바쁘지 않을 내년까지 기다려야 하는가? 절대로 아니다. 그것은 고려할 사항이 전혀 아니다. 교인들이 해야 할 바는 오직 하나님만이 주실 수 있는 그들의 삶을 조화롭게 할 만한 힘, 즉 "발목을 잡고 있는 것들을 떨쳐버릴 수 있는" 힘을 달라고 비는 것이다. 그러고서 이 기도는 모든 기도가 그러하듯이 감사하는 것으로 마치는데, 교인들이 이 사역을 통하여 받을 모든 좋은 것에 대하여 감사한다. 즉 "우리가 이 사역으로써 얻을 온전한 유익함을 거두게 도와주소서"라는 기도로 마친다. 처음에 이 기도를 시작할 때 교인들의 마음이 어떻든지 간에, 기도문은 말하자면 "사역"을 완수하는 것으로 마친다. 교인들은 그 사역-교인들이 그것을 실행하기로 결정했다고 여기는 사역-으로부터 올 모든 유익함을 구하였다.

 이러한 기도는 성직자의 "둥치기"-교인들에게 수를 부려서 사역을 하도록 공모하고 하나님을 그 공모에 가담시키는 것-를 보여주는 하나의 분명한 사례일 뿐만 아니라, 진부한 영적 인종차별이다. 이 말은 "하나님이 그 사역에 계실 것이다. 거기서 하나님의 현존하심을 찾을 수 있을 것이다. 그러므로 어떤 것이라도 거룩한 현존 안에 머물 수 있는 귀중한 기회를 방해하지 못하게 하라"는 말과 가깝다. 다시 말해서 그것은 생계를 위한 벌이와 건강과 다른 세상의 것들을 돌보는 것과 같은 세상에서의 활동들은 하나님의 말씀을 듣고, 하나님을 사랑하고, 하나님의 뜻을 실천하는 것과는 직접적으로 상관이 없다는 것을 강하게 시사하고 있다. 아무리 잘 봐준다고 해도 이것들은 이것도 저것도 아닌 중립 상태에 있는 것이며, 교인들이 하기로 결정했다면 그것들이 그 사역에 배치(背馳)될 때는 영적 성장에 있어서 장애가 될 수 있다. 이런 사고방식은 인간의 삶을 분리되게 한다. 그것은 거룩한 것과 세속적인 것을 분리시킨다. 그것은 하나님을 모든 피조 세계와 분리시킨다.

구원과 현재의 삶

여기서 언급해야 할 또 다른 영적 인종차별의 형태가 있다. 이는 구원을 죽은 뒤에나 겪을 어떤 순전히 종말론적인 것으로 여기는 사고방식을 말한다. 구원 받는다는 것은 죽음 뒤에 더없이 행복한 삶을 얻는 것이다. 이것은 천국에서 되어지는 것이다. 구원이란 이 세상을 떠난 뒤에 얻는 것이라고 암시하는 이러한 구원관은 이 세상[으로부터] 구원되는 존재라는 의미를 함축하는 것으로서 매우 위험한 생각이다. 아니면 기껏해야 이러한 구원관은 우리가 이 세상에서 하는 것은 구원의 길로 들어가는 데 도움은 되나, 진짜 구원은 여기에서 얻어지지 않는 것이라는 것이다.

이러한 구원관은 성경에서 말하는 내용과 상치(相馳)된다. 왜냐하면 성경에서 구원이란 온전함, 완전함이기 때문이다. 이 말의 뜻은 거룩함이란 오직 앞으로 닥칠 삶에서 얻어지는 것이 사실이지만, 그럼에도 불구하고 여기 지금 우리들의 온전함과 행복, 전인적인 건강에 기여하는 모든 것을 구원 받는 경험으로 보아야 하며, 그럼으로써 우리 하나님의 구원하시는 현존을 나타내는 것이다.

언제나 구원하시는 현존

하나님은 우리를 언제나 구원하시는 현존이심을 아는 것은 우리에게 매우 큰 기쁨의 근원이 되어야 한다. 우리가 "나로 하여금 당신의 현존 안에서 삶의 기쁨을 경험하게 하여 주소서"라고 기도하는 것은 매우 의미가 있을 뿐만 아니라 위안도 된다.

그러나 이 기도를 완전히 편안하게 드릴 수 있기 전까지는 아직 처리해야 할 문제가 하나 있다. 나는 하나님이 언제나 우리를 위해 구원하시는 현존이라고 했다. 그런데 이 사실을 믿지 않는 사람들이 많다. 그들은 우리가 사는 이 세상에는 토네이도나 태풍이나 산불과 같은 자연적인 재앙이 있으며, 더 심각한 것은 우리들의 세상에서 자행되고 있는 불의(不義), 가난한 자들과 소외된 자들에 대한 착취, 인종이나 성 차별에 대한 심각한 사회의 불평 등 말로 설명하기 어려운 무서운 죄악들이 있다고 말한다. 이 같은 엄청나고 강한 악의 한복판에서 우리는 어떻게 구원하시는 하나님의 현존을 발견할 수 있겠는가?

분명히 당신은 조바심으로 두근거리는 가슴을 가지고 이에 대한 답을 듣고자 할 것이다. 미안하지만, 좀 망설여지지만, 이에 대한 대답은 쉽게 할 것이 아니라는 것이다. 악은 위대한 신비이며, 이 악의 신비는 인간의 자유에 대한 신비와 하나님께서 인간의 자유를 존중하신다는 것이 혼돈(混沌)되어 있다. 이것은 여기에서 다루기에 너무 방대한 주제이다. 그러나 잠시 이 주제를 미루어 놓고, 이러한 신비에도 불구하고 왜 하나님의 현존이 언제나 구원하시는 하나님의 현존이 되어야 하는지, 우리는 그것에 대해서 이해할 수 있다고 생각한다. 하나님은 존재하는 만유 안에 감추어진 근저이시다. 그러나 이 근저는 추상적인 것이 아니며, 더욱이 지식적인 것도 아니다. 만유(만유 중에서도 지고한 존재, 즉 인간을 포함하여)에게 존재를 부여하고 계속 존재케 하는 이 근저는 반드시 인격적이어야 한다. 우리가 인격을 부여한다는 것을 흔히 표현하는 말은 "사랑"이다. 그러므로 하나님은 감추어진 사랑의 근저이시며, 요한일서에서 기록된 말씀과 같이 "하나님은 사랑"이시다.

우리는 나중에 제7장에서 이 말씀을 더 자세히 다루게 될 것이다. 지금은 하나님의 현존을 구원하시는 현존으로 이해하는 것을 하나님은 사랑이라는 말씀으로 대신하고자 한다. 이 말의 의미의 하나는 우리들은 하나님이 하실 수 없는 것, 즉 사랑하시지 않는 것을 할 수 있다는 것이다. 하나님은 우리들을 보시고 말씀하시기를 "아, 그래! 저기에 별로 곱지 않은 사람이 있군. 저 사람에게는 사랑 베푸는 것을 잠시 보류해야겠군!"이라고 하실 수 없다. 나는 그렇게 말할 수 있다. 독자들도 그렇게 말할 수 있다. 그러나 하나님은 그렇게 말씀하실 수 없다. 왜냐하면 예수님이 우리에게 보여주신 하나님-구약의 하나님과 현저하게 다른 방법으로-은 조건 없는 사랑의 하나님이시기 때문이다. 우리 안에 있는 것으로 인해 하나님께서 우리를 사랑하시기 때문에 사랑이 우리로부터 흘러나오는 것은 아니다. 하나님은 거룩하신 자아 안에 계시는 분, 즉 사랑이시기 때문에 사랑은 하나님으로부터 흘러나온다.

이것이 지금까지 내가 말한 바, 바로 그 하나님의 현존이 구원하시는 현존이 되어야 한다고 요구한 이유이다. 하나님은 언제나 구원하신다. 다른 말로 하자면 하나님은 징벌하시는 분이 아니라는 것이다. 우리들의 죄성이나 악마적인 것들은 우리 자신에게는 상처를 남기겠지만, 그렇다고 그것이 하나님으로부터 오는 징벌은 아니다. 그것은 우리를 향한 하나님의 사랑이 우리의 행위에 따라 주어지는 것이 아니라, 어떠한 하나님이신가에 따라서 주어지는 것이기 때문이다.

몇 년 전에 인기 작가 존 해리오트(John F.X. Harriott)는 「런던 타블릿」(London Tablet)에 "멋진 죄의식"(Bully for Guilt)이라는 제목으로 칼럼을 썼다. 거기서 그는 "가톨릭 배경에 있는 사람들에게 언제나 달려있는 죄의식으로 인해 매우 기가 죽었다"라고 한 BBC의 어느 종교부 기자의 글에 반발하는 글을 썼다. 해리오트는 오히려 "건전한 죄의식"의 건설적인 가치에 대해 강한 논조로 썼다. 다음은 그의 글을 인용한 것이다.

나는 Harpers & Queen의 편집자들보다 전능자 하나님께 지은 죄의식을 더 느끼며, 늘어나는 허리둘레 보다 은혜의 상태에 대해서 더 초조해 하며, 노년의 기쁨이 없는 한두 해 더 사는 것보다 영원한 천국의 기쁨을 소망하는 시간에 더 가중치를 둔다. 더욱이 내가 누구와 함께 하기를 더 좋아하는지 알고 있다. 그들은 위스키에 장아찌처럼 절었고 눈이 욕정으로 번들거리지만, 자신들의 죄를 당당하게 고백하고 하나님의 자비하심을 믿는 백발의 늙은 가톨릭 죄인들이다….

이것이 바로 내가 말하는 "멋진 죄의식"이다. 그것은 많은 보통의 삶들을 훌륭한 드라마로 만들었다. …그것은 헬렌의 얼굴이 배를 진수시킨 것보다 훨씬 더 훌륭한 소설을 내놓았다. 그것은 온갖 사악한 것들을 억제한다. … 집 근처에서 악행을 일삼는 자들은 말할 것도 없고, 중국 지도자들과 다른 많은 독재자들은 더 강한 약발(죄의식: 역자 주)로써 매우 호전되게 할 것이다. 우리가 정말 두려운 자들은 죄의식 없는 자들이다. 죄의식이란 건강한 성장을 촉진하는 유기질이 풍부한 비료, 즉 은혜이다. 큰 소리로 찬양하며 화음 맞춰 노래부르자. 우리가 죄인일지라도, 그래도 좋아…(1989년 7월 1일).

다음 호 타블릿(Tablet)에서, "편집자에게 보내는 편지"(타블릿의 베스트 코너 중의 하나)에서 그를 심하게 비난하는 글을 실었다. 다음에 그중 한 편지를 인용했다.

> 나는 죄의식이 편만했던 제2차 바티칸 공의회 이전의 교회에서 교육 받았다. 당시 나는 여섯 살의 아이였지만 잠자다가 죽어서 지옥에나 가지 않을까 겁나서 밤에 잠을 자지 못했다. 죄의식은 "많은 보통의 삶들을 경쾌한 드라마"로 만들지 않았다; 당사자들에게는 슬픈 드라마였다. …우리는 창조주와 피조 인간들의 사랑하는 관계라는 것에 대해서는 듣지도 못했으며, 오히려 창조주가 만든 규칙을 어기거나 고해소로 가는 길에서 죽게 된다면 어떤 일이 일어날 것인지에 대해서는 많이 들었다(1989년 7월 8일).

20세기의 제2차 바티칸 공의회 이전 시대 사람들은 이 편지에서 나타난 비통함을 공감할 수 있을 것이다. 그것은 내가 믿기에 교회사에서 다시는 되풀이되어서는 안 될 비참한 시기였다. 적어도 그 세대의 대부분 사람들이 하나님의 현존 안에서 기쁨을 누렸던 때는 아니었다.

어떻게 이러한 일이 일어났는지 그 시초를 알 수 없다. 이것은 예수 그리스도를 통하여 계시된 하나님을 부정한 일이었다. 그러므로 사랑이신 하나님 및 그의 현존하심은 언제나 구원하시는 현존이시다.

하나님이 사랑이심을 안다는 것은 하나님께서 우리를 나쁘게 하시는 분이라는 생각을 아주 버려야 한다는 의미이다. 이런 이해는 우리가 관상과 깨달음의 기도에 관해 말하고 있는 바를 보다 더 깊이 아는 데 진일보할 수 있도록 해 준다. 지금까지 우리는 기본적인 두 진리를 가지고 씨름해 왔다. 첫 번째 진리는 우리가 언제나 하나님의 현존 안에 존재한다(다른 어느 곳에도 존재할 수 없다)는 것이며, 둘째로 기도(특히 침묵기도)란 이러한 현존을 깨닫고 인식하는 것이라는 것이다. 이제 우리들의 생각을 한층 더 깊이 하는 입장에 있다. 즉 하나님이 사랑이라면 "언제나 하나님의 현존 안에 존재한다"라는 말은 "언제나 사랑 안에 존재한다"는 말로 다시 표현될 수 있으며, 우리들이 이해하고 있는 (말 없는) 기도인 "거룩한 현존을 아는 것"을 "사랑의 깨달음"이라고 정리할 수 있다.

"사랑 안에 있는 것"은 우리에게 익숙한 표현이다. 우리는 젊은 커플을 두고 "사랑에 미친 커플"이라고 한다. 이 표현은 다른 경우에도 열렬한 애정에서부터 깊고 사심 없는 관심과 서로에 대한 신뢰 등으로 표현될 수 있다. 그러나 이런 상황은 변할 수도 있다. 사랑하던 두 사람은 더욱 깊은 관계로 들어갈 수도 있지만, 사랑하는 관계가 끊어질 수도 있다. 사랑에 빠지는 것처럼, 사랑이 끊어질 수도 있다. 그러나 우리가 하나님께 "빠짐"(involvement)이라고 말할 때는, 그 "사랑에서 끊어질" 수 없다. 우리가 사랑이란 우리 존재의 전제 조건이라고 했던 바 "사랑에서 끊어짐"이란 존재가 끝난다는 뜻이다. 이 말은 존재의 소멸을 뜻한다. 하나님의 피조물이 된다는 것은 사랑 안에 언제나 머문다는 뜻이다. 기도한다는 것은 언제나 사랑 안에 머물고 있음을 깨닫는다는 것이다.

나는 독자들이 언제나 사랑의 현존이라는 깨달음을 가지고 이 거룩하신 현존의 구원하시는 품성에 대해 깊이 생각하고, "나로 하여금 당신의 현존 안에서 삶의 기쁨을 경험하게 하여 주소서"라는 기도를 조용히 깊게, 그리고 자주 드리기를 바라는 바이다.

| 제 4 장 |

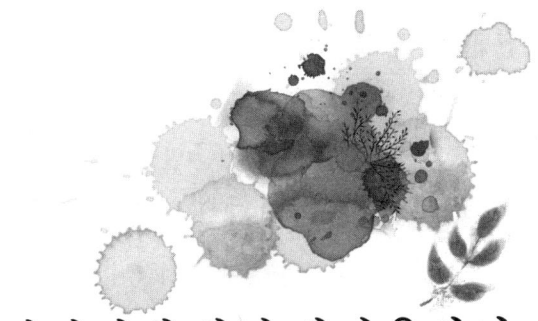

하나님에 대한 깨달음에서 사람에 대한 깨달음으로

"내가 생명이 있는 땅에서 여호와 앞에 행하리로다"(시 116:9).

만일 내가 "하나님만 중요하다. 하나님 외에는 아무것도 중요하지 않다"고 말한다면, 여러분들은 충격을 받겠는가? 이러한 말을 들을 때에 "어떻게 그렇게 잔인할 수 있습니까? 나에게는 가족이 중요합니다. 친구들도 중요합니다. 직장도 중요합니다. 온 세상에서 고통을 받고 있는 사람들도 중요합니다. 가난한 사람들도 중요합니다. 당신은 어떻게 가난한 사람들과 나의 가족들과 친구들, 그리고 나의 직장, 그 밖의 많은 좋은 것들이 중요하지 않다고 말할 수 있단 말입니까?"라고 하겠는가?

내가 이렇게 말한다고 해서 충격을 받고 분개한다면, 그러한 태도는 영적 인종차별이 다시 시작되었다는 슬픈 사실을 표출하고 있는 것이라고 할 수 있다. 왜냐하면 그러한 생각은 하나님을 피조물과 관계가 없는 분으로 생각하는 증거가 될 것이기 때문이다. 내가 "하나님만 중요합니다"라고 말하면서 동시에 가족과 친구, 그리고 창조 세계의 모든 선한 것들이 중요하지 않다고 말하고 있는 것으로 생각할 것이다. 그러나 나는 이 모든 좋은 것들(가족, 친구 등)이 "하나님과 관계없는 것"이라고 생각하고 싶지 않다. 왜냐하면 지금까지 계속 주장해 온 것처럼, 하나님을 떠나서 존재하는 것은 아무것도 없기 때문이다. 하나님은 모든 실체가 그 존재와 정체성과 특성을 발견하는 곳, 감추어진 사랑의 근저이시기 때문이다. 하나님께서 창조하기로 결정하신 그 순간부터, 우리 모두에 대해서 생각하며 모든 실체에 대해서 생각하지 않은 채 하나님을 생각할 수 없게 되었다.

그러므로 내 말은 우리가 귀하게 여기는 모든 것이 중요하지 않다는 의미가 아니었다. 내 말에는 모든 것들은 하나님 안에 있기 때문에 중요하다는 의미가 포함되어 있다. 하나님을 떠나서는 어느 것도 존재하지 못하므로, 그것들은 하나님을 떠나면 중요하지 않다.

하나님을 "대상"으로 삼으려는 경향

'영적 인종차별'을 거부하는 데 있어서 문제의 핵심은 우리가 가지고 있는 바 하나님을 하나의 대상-생각할 수 있고, 말할 수 있고, 믿을 수 있고, 기도할 수 있는 대상-으로 생각하려는 경향이다. 하나님을 어떤 대상으로 생각할 때에, 우리는 하나님을 "다른 대상들"과 비교하며 참된 관상기도란 이 모든 "다른 대상" 중에서 하나님을 택하는 것을 의미한다고 생각한다. 토마스 머튼의 일지 「대화의 서원」(*A Vow of Conver-sation*)에 적절한 구절이 있다. 머튼은 자신의 50회 생일인 1965년 1월 31일 일지에서 다음과 같이 묵상의 반추를 기록했다.

> 하나님을 정신적인 대상으로 생각하며 "하나님만 사랑하는 것"은 다른 모든 대상들을 배제하고 오직 그분에게만 집중하는 것이라고 생각하는 사람들의 말할 수 없이

큰 혼돈에 대해서 곰곰이 생각했다. 그것은 치명적인 것이다. 그것은 많은 사람들이 관상과 독거의 의미를 오해하는 이유이다(p. 142).

우리는 하나님을 찾기 위해서 세상을 외면하지 않는다. 오히려 하나님을 찾을 때에 우리의 세상을 완전히 새로운 방법으로 발견한다. 진정한 관상에는 절대적인 비움(total emptiness, 분별심을 완전히 비운 상태)과 절대적인 충만(total fullness, 만물의 근원 및 근저가 되시는 분과 하나가 되며, 감추어진 근저 안에 있는 다른 모든 것과 하나가 됨)이 포함된다.

나는 머튼이 아미야 차크라바르티(Amiya Chakravarty)와 매사추세츠의 노스햄튼에 있는 스미스 대학 학생들에게 쓴 편지를 인용함으로써 머튼의 통찰을 확대하고자 한다.

그 편지의 배경은 머튼의 말을 이해하는 데 도움이 된다. 1967년 봄 학기에, 힌두교 학자이며 머튼의 친구인 아미야 차크라바르티는 스미스 대학에서 강의를 했다. 그가 세운 계획 중에는 학생들과 교수들을 위한 "머튼의 밤" 행사를 조직하는 것이 포함되어 있었다. 그 행사는 1967년 3월 28일에 개최되었는데, 여기에는 머튼의 저서 몇 권을 읽고 토론하는 일도 포함되어 있었다. 그들은 시 몇 편, 「칠층산」(Seven Storey Mountain), 「이루 말할 수 없는 분의 습격」(Raids on the Unspeakable), 「사막 교부들의 지혜」(The Wisdom of the Desert), 그리고 간디에 대한 머튼의 책 등에서 발췌한 글을 읽었다. 이 심포지엄을 마치고 그 다음 날, 차크라바르티 박사는 머튼에게 편지를 썼다. 그는 그와 같은 회의가 개인숭배로 전락해서는 안 된다는 머튼의 경고를 염두에 두었다고 장담했다. 그는 계속해서 다음과 같이 썼다:

> 우리는 한 사람의 위대함에 응답합니다. 그러한 위대함은 우리 모두를 하나님의 진리의 근원과 중심으로 인도해 주는 열린 문입니다. …우리는 당신의 사상과 저술의 침묵과 설득력에 몰두했습니다. …여기에서 젊은 학자들은 당신의 절대적으로 확고한 믿음이 당신으로 하여금 다른 신앙들을 자유로이 이해할 수 있게 해 준다는 것을 깨닫습니다. 당신의 저서는 바위같이 튼튼한 내적인 힘을 가지고 있습니다. …그것은 온갖 형태의 폭력과 거짓에 도전할 수 있는 힘입니다(*HGL*, 115).

몇 명의 젊은 학자들도 머튼에게 편지하면서 그날 밤의 경험에 매우 만족했다고 말했다.

4월 13일에, 머튼은 차크라바르티와 학생들에게 답장을 썼다. 그는 작가에게 있어서 자신의 글이 이해되고 인정을 받는 것보다 더 기분 좋은 일은 없을 것이라고 말했다. 그는 그들이 자신의 글을 정말로 이해했다는 믿음을 표현했다. 그러나 더욱 보람 있는 일은 그들이 더욱 귀중하고 유익한 것, 즉 "우리 안에, 그리고 우리에게 현존하는 실재"를 깨닫게 된 것이었다. 그 실재에게 어떤 명칭(Being, Atman, Pneuma, Silence)을 부여하든지 간에, 다음과 같은 단순한 사실을 기억해야 한다.

경청함에 의해서, 경청하는 방법을 배움으로써(또는 호흡처럼 학습될 수 없는 것을 듣는 본성적 능력을 회복함으로써) 우리는 설명할 수 없는 행복에 삼켜진 자신을 발견할 수 있다. 그것은 설명할 수 없는 사랑(Love)의 감추어진 근저 안에서 모든 것과 하나가 되는 행복이다.

이 간단한 진술은 실재에 대한 관상적 이해를 획득하는 데 있어서 결정적으로 중요하다. 머튼은 "행복"에 대해서 말한다. 그는 이 인간적 행복의 절정은 오직 삶의 이원성을 초월함으로써 발견될 수 있는데, 우리에게 있어서 이 이원성은 너무나 현실적인(생생한) 것이기 때문에 이것을 초월하는 것은 매우 어려운 일이라는 신념을 밝혔다. 그러한 하나 됨은 범신론적이거나 비인격적인 경험이 아니다. 왜냐하면 그것은 하나의 "숨겨져 있는 근저"에서 솟아나오는데, 그 근저는 인격적인 "사랑의 근저"이다.

이 행복은 설명될 수 없고, 또 그것이 발견된 감추어진 사랑의 근저도 설명될 수 없다. 그러나 그것은 경청, 들음으로써 획득될 수 있다. 대부분의 사람들은 머튼이 "들음"-호흡처럼 자연스러운 것이어야 한다-이란 우리가 자기 자신 안에서 발견해야 하는 것, 또는 회복해야 하는 것(왜냐하면 그것은 항상 우리 안에 존재하기 때문이다)이라고 주장한다고 여긴다.

머튼은 우리가 하나님-하나님에 대한 자신의 생각이나 다른 사람의 생각이 아니라 말이나 생각을 초월하시는 살아 계신 하나님-을 발견할 때에 하나님 안에 있는 기쁨을 경험한다고 말한다. 그리고 우리는 하나님 안에 있기 때문에 "모든 것과 하나 됨"의 기쁨을 경험한다. 이 하나 됨은 개성이 없고 비인격적인 것이 아니며, 하나님 및 우리의 형제 자매들과의 가장 깊은 교제를 포함한다.

토마스 머튼은 1968년 10월 23일에 캘커타에 모인 종교 지도자들에게 이 "교제"에 대해서 강연했다.

> 가장 깊은 차원의 교제는 단순한 교제(communication)가 아니라 친교(communion)입니다. 친교란 무언의 교제입니다. 그것은 단어를 초월하고 말을 초월하고 개념을 초월합니다. 우리는 하나의 새로운 통일체를 발견하는 것이 아니라 보다 오래된 통일체를 발견합니다. 사랑하는 형제 자매들이여, 우리는 이미 하나입니다. 그러나 우리는 하나가 아니라고 생각합니다. 우리는 원래의 통일성을 회복해야 합니다. 우리는 현재 모습의 우리가 되어야 합니다(Asian Journal, 308).

살아계신 하나님

우리가 살아 계신 하나님, 우리 자신의 생각과 개념을 사용하여 우리의 정신 안에서 만들어 낸 하나님이나 어떤 신학자가 우리를 위해서 만들어 낸 하나님이 아닌 진실로 "살아 계신 하나님"을 의식할 때에, 이 하나 됨의 경험이 임한다. 히브리서에

"살아 계신 하나님"에 대한 흥미로운 설명이 있다. 그것은 자칭 관상하는 사람이 반드시 염두에 두어야 하는 말씀이다. 히브리서 기자는 "살아 계신 하나님의 손에 빠져 들어가는 것이 무서울진저"(히 10:31)라고 기록한다. 실제로 살아 계시지 않는 하나님, 추상적 개념에 불과한 하나님, 또는 우리가 예배 때에만 중개자를 통해서 접근하는 하나님과 함께 사는 데 만족하기는 쉽다. 사실 때때로 우리의 하나님은 우리의 욕구, 두려움, 또는 욕망이 구체화된 것에 불과할 수도 있다.

참된 관상에서(그리고 깨달음의 기도를 드리는 순간에) 우리는 혼자 힘으로 살아 계신 하나님을 만난다. 하나님을 만난다는 이러한 경험은 우리가 살아온 세계를 뒤집고 혼란스럽게 만들기 때문에 두려운 것일 수 있고, 심지어 위험한 것일 수도 있다. 이 경험은 우리의 의식을 변화시키고, 우리로 하여금 완전히 새롭고 다른 시각으로 현실을 보게 한다. 즉 우리로 하여금 하나님이 사물을 보시는 시각으로 보게 한다. 그것은 우리를 이끌어 사람들의 외관상의 분리, 소위, 좋지 않게 조종함, 비인간화밖에 알지 못하는 피상적인 의식의 밑이나 위로 데려간다. 그것은 많은 사람들이 보지 못하는 것, 즉 감추어진 사랑의 근저 안에서 만물과의 "하나 됨"을 본다. 그것은 우리로 하여금 "완전한 그리스도", "우주적 그리스도"를 볼 수 있게 해 준다. 이 놀라운 사실을 경험할 때, 즉 "모든 사람을 하나로 만들어주는 맞물린 관계 안에서 서로 연결되는 것"을 경험할 때, 우리는 바울이 "그리스도 안에 존재함"에 대해 말하면서 의미한 것을 실제로 경험한다.

관상—진행되고 있는 삶의 차원

우리가 말 없는 기도를 삶의 일상적인 것으로 여기고 이 기도에 주의 깊게 매달릴 때, 필연적으로 전혀 예상하지 않았던 일이 우리의 삶에서 일어나기 시작한다. 즉 기도는 단순히 하나의 기도 활동이기를 멈추고 우리의 삶에서 진행되는 차원이 된다. 이제 기도는 특정한 시간에만 하는 것이 아니라, 계속 살아 생존해 가는 우리 존재의 일부가 된다. 그러한 사람은 항상 만물의 "하나 됨"을 의식하면서 살기 시작한다. 침묵기도가 그를 위한 생활 방식이 되었기 때문에, 그러한 사람은 시편 기자처럼 "내가 생명이 있는 땅에서 여호와 앞에 행하리로다"라고 말할 수 있다.

마침내 우리는 이 책 첫 부분에서 발견되는 한 문장으로 된

기도문시편 116편 "내가 생명이 있는 땅에서 여호와 앞에 행하리로다"의 세 번째 부분에 이르렀다. 그 기도가 세 부분으로 이루어져 있음에 주목하라. 첫째, 여정에 대한 "내가 행하리로다"라는 말씀이 나온다. 우리가 실체에 대한 관상적인 이상을 성취하는 것과는 상관없이, 우리는 앞으로도 피상적인 실체로부터 궁극적인 실체에게로, 이원론에서 이원론이 아닌 것에게로 나아가야 한다. 때때로 우리는 하나님 안에 있는 만물의 통일성을 어렴풋이 본다. 그러나 그것은 대체로 믿음의 여정으로서, 그 길을 갈 때에 우리는 종종 어둠 속에서 여행하면서 빛이 나타날 때에 감사한다.

믿음은 우리가 "여호와 앞에" 행한다는 것을 보증한다. 하나님의 현존은 역동적인 임재이다. 그것은 단순히 하나님이 그곳에 계시다는 것에 그치지 않는다. 하나님은 우리 안에서, 우리를 통해서 행하신다. 하나님은 날마다 우리를 구원하시며, 동시에 우리의 형제 자매를 구원하는 일에 동참하라고 우리를 부르신다. 우리는 구원을 받았고, 또 구원한다. 이 모든 일이 "생명이 있는 땅에서" 발생한다.

지금 이 세상에서 산다는 것

우리 기도의 마지막 부분은 우리를 분명히 우리가 사는 세상 한복판에 둔다. 여기에서 세상이란 현재 존재하는 대로의 사람들과 사물의 세상을 의미한다. 발칸 반도의 대량 학살과 북아일랜드의 분쟁이 벌어지는 세상, 기술과 인터넷이 발달한 세상, 가난과 굶주림, 테러리즘, 마약 매매, 불의 등이 존재하는 세상, 수백만에 달하는 사람은 거처할 곳도 없고 양식도 없이 지내는데 반해 소수의 사람들이 부를 차지하고 있는 세상, 평화를 동경하면서도 50년 이상 핵으로 인한 파괴의 그림자 밑에서 살아온 세상이다. 비록 우리가 선택한 것은 아니지만, 이것이 우리의 세상이다. "생명이 있는 땅"에 이러한 악을 만들었다는 책임은 우리에게 없을지 모르지만, 그것들을 다룬 데 대한 책임은 져야 한다.

머튼은 1966년에 「공화국」(Commonweal)에 다음과 같이 썼다:

> 내가 1915년에 태어났다는 것, 아우슈비츠, 히로시마, 베트남 전쟁 등이 발생한 시대에 살았던 사람이라는 것 등은 먼저 나에게 상의된 일이 아니었다. 그러나 그것들은 내가 좋아하건 아니건 간에 개인적으로 깊이 개입되어

있는 사건들이다.

그는 계속해서 설명하면서, 우리는 "세상"에 대해서 말할 때에 세상을 인간적 활동의 장소, 온갖 종류의 인간적인 동기들-어떤 것은 정직하고 점잖지만, 다른 것들은 솔직하지 못하고 교활하다-이 서로 작용하고 섞이는 장소로 보아야 한다고 말한다.

세상은 단순히 제트기로 이동할 수 있으며 사방으로 달려가는 사람들로 가득한 공간이 아니다. 그것은 사랑, 미움, 두려움, 기쁨, 희망, 탐욕, 잔인함, 친절, 믿음, 신뢰, 의심 등으로 만들어진 책무들과 선택권들의 복합체이다.

그리고 우리는 자기 자신을 그 복합체의 일부로 보아야 한다. 머튼이 말했듯이, 만일 사람들이 아무도 신뢰하지 않기 때문에 전쟁이 발발한다면, 이것은 부분적으로는 나 자신이 방어적이고 의심하고 신뢰하지 않는 데 기인한다.

만일 관상이 나의 눈길(sights)을 고정하여 통찰력(vision)을 만들어낼 수 있다면, 나는 보다 좋은 가능성이 있음을 알게 될 것이다. 나는 우리들 서로 간의 연대와 교제를 인정하게 될 인간적 통일체(human unity)를 만들어 낼 수 있다는 것, 또는 지금까지 항상 존재해 왔지만 거의 도달하지 못할 것처럼 보이는 깊이를 가진 통일성과 연대와 교제를 회복할 수 있다고 믿을 것이다.

관상기도 혹은 깨달음의 기도가 이따금씩 행하거나 규칙적으로 행하는 것이 아니라 나의 존재의 한 부분이 된다면, 그것은 반드시 나를 감동케 하여 행동하게 만들 것이다. 어떤 사람은 관상이 사람들을 점점 더 깊이 고독으로 빠져들게 한다고 생각하며, 실제로 종종 관상은 우리를 깊은 고독하게 만든다. 그러나 많은 경우에 관상은 그와 반대 작용을 한다. 즉 관상은 독거 상태에서 불러내어 형제 자매들을 섬기게 한다. 만일 관상이 나에게 설명이 불가능한 감추어진 사랑의 근저 안에서 만물과 하나가 되는 행복을 준다면, 또한 나로 하여금 그 "하나 됨"을 가시적인 것으로 만들고 드러내기 위해 가능한 모든 일을 하도록 촉구할 것이다. 내가 이 일을 할 수 있는 유일한 방법은 사람들을 분리시키며 이원론과 영적 인종차별의 환상을 영속화시키는 모든 망상을 완전히 잘라내는 것이다.

예수께서 숨을 거두셨을 때에 성전의 휘장이 둘로 찢어진 것을 기억하자. 그 휘장은 지성소(성전 중에서 하나님의 부분)를 성소(성전 중 인간적인 부분)로부터 구분하기 위한 것이었다. 우리는 하나님을 피조물로부터 분리하며 피조물을 하나님으로부터 분리하는 것처럼 보이는 휘장들을 제거해야 한다. 그것뿐만이 아니다. 성소는 일반인들의 뜰과 분리되어 있었다. 우리도 서로 "하나 됨"을 의식하려면 서로를 분리하는 가공의 휘장들을 제거해야 한다. 우리는 세상을 영적 인종차별에서 구해야 한다.

우리는 사람들이 우위를 차지하기 위해서 서로 짓밟지 않는 세상을 만들기 위해 함께 일해야 한다. 사람들을 교묘하게 조종하는 일이 없는 세상을 만들어야 한다. 가난, 잔인함, 테러리즘, 싸움, 전쟁 등은 지나간 과거의 희미한 기억으로 남고, 지금으로서 경험할 수 없는 그러한 세상을 만들어야 한다. 정부와 교회의 권세자들이 백성들을 압제하고 그들의 운명을 더욱 어렵게 만들지 않으며, 오히려 백성들의 욕구를 충족시키기 위해 일하는 세상을 만들어야 한다.

돌보는 세상

우리는 진정으로 서로를 보살펴주는 세상을 만들어야 한다. 이 일은 우리 자신에게서 시작되어야 한다. 다시 말해서 살아가면서 우리와 접촉하는 모든 사람들을 보살피는 일부터 시작해야 한다. 우리는 기도와 남녀 포괄 용어의 필요성에 대한 일상적인 강연의 중요성에 대해서 많은 말을 한다. 이렇게 관심을 갖는 것은 매우 중요하다. 왜냐하면 그것은 단순히 언어와 관련된 일이 아니기 때문이다. 그것은 우리가 사람들을 대하는 방법과 관련된 것이다. 우리가 남녀 포괄 용어의 필요성을 진지하게 받아들여야 하듯이, 총괄적인 보살핌의 책임도 진지하게 받아들여야 한다. 이것은 우리가 보살핌을 제공해야 할 대상을 고르고 선택해야 한다는 말이 아니다. 우리는 시간과 재원이 허락하는 한, 하나님께서 우리의 삶 속에 두신 사람들을 보살펴야 한다.

나는 이것의 상세한 의미를 분명히 설명할 수 없다. 그러나 우리에게 하나의 이상이 있어야 그것을 실현할 수 있다. 우리가 진정으로 보살핌을 베푸는 사람이 되려면, 세 가지 태도가 필요하다고 생각된다. 첫째는 항상 우리와 의견이 일치하지는 않는 사람들과 기꺼이 '대화'하려는 태도이다. 둘째는 깊은 '동정심'(긍휼)이다(이것은 다른 사람들의 고난에 참여하는 능력을 의미한다). 셋째는 모든 관계에 있어서 신중한 '비폭력'의 자세를 취하는 것이다. 이것들이 우리로 하여금 "생명이 있는 땅에서 여호와 앞에" 행할 수 있게 해 주는 태도이다. 이것들이 우리가 "생명이 있는 땅에서" 만나는 사람들을 대하는 방법이어야 한다.

이 세 가지 태도에 대해 고찰함으로써 이 장의 결론을 지을 수 있을 것이다. '대화'는 주로 정신적인 것들, 특히 우리가 생각하거나 행동하는 방법에 대해서 사람들과 의견의 차이가 있는 곳에서 발휘되어야 한다. '동정심'은 주로 우리와 의견이나 생각하는 방법이 일치하지 않는 사람들이라도 상관없이 어려움에 처한 사람들을 향한 마음과 관련된다. '비폭력'은 사람들을 향한 우리의 사랑의 특징을 이루는 정신이다.

대화

대화의 목표는 진리의 공유이다. 나는 내가 가진 진리를 다른 사람과 함께 공유하기를 원한다. 또 나에게는 없지만 상대방이 가지고 있는 진리를 공유하기를 원한다. 대화(dialogue)와 토론(debate)은 다르다. '토론'이란 언어는 고대 프랑스어에서 유래된 것으로서 문자적으로는 "어떤 사람을 난타하다"라는 의미이다. 토론은 상대방을 정복하고 승리하기 위한 구두 논쟁이다. 이는 상대방을 육체적으로 때리는 것이 아니라 말로 때리는 것이다.

대화의 어원학적 기원은 이와 매우 다르다. 대화란 "말하다"

(to speak)를 의미하는 legein이라는 그리스어 동사와 "가로질러"(across)라는 말을 의미하는 전치사 dia에서 유래되었다. 따라서 대화의 문자적인 의미는 "가로질러 말하다"(to speak across)이다. 우리가 갖고 있는 것을 상대방에게 나누고 공유함으로써 두 사람 사이의 공간을 줄이기 위해서 "공간"(즉 차이점)을 가로지르면서 말한다. 내가 아는 사람들 중에 특히 말하기를 좋아하는 두 사람이 있다. 그들은 함께 모이기만 하면 대화를 주도하려고 경쟁한다. 아마 우리가 아는 사람들 중에도 이런 사람들이 있을 것이다. 그들은 거의 동시에 혼자 떠들어댄다. 자신이 하고 싶은 말을 하기 위해서 상대방이 말하는 것을 눈 감아 주지만, 진정으로 상대방의 말을 듣지는 않는다.

참된 대화에는 경청, 즉 상대방이 말하려는 것을 듣는 것이 필요하다. 그러나 언제나 경청한다는 것이 쉽지만은 않다. 가끔 자신의 견해, 자신의 공간에 둘러싸여 있다. 상대방이 말하는 것이 내가 그의 입장에 있었을 때보다 훨씬 더 의미가 있다는 것을 발견하는 것은 때로 위험할 수 있다. 대화는 일종의 공간을 양보하는 것, 폐쇄된 미개척 영역과 같은 것을 개방하는 것이다. 참된 대화는 풍요롭고 보람 있는 경험이 될 수 있다.

긍휼

긍휼(동정심)이란 다른 사람의 고통에 동참하려고 노력하는 마음의 움직임이다. 복음서에는 예수께서 나인 성 과부의 아들을 살리신 아름다운 이야기가 기록되어 있다. 장지를 향해 성을 떠나가는 장례 행렬은 비애(悲哀)를 설명하고 있다. 그 여인이 과부였으며 죽은 아들이 외아들이었다는-과부에게 아들마저 죽었다는 것은 가부장적인 사회에서는 생계에 대한 어떤 대책도 없다는 것을 의미한다-이야기를 들을 때에 비애는 더욱 고조된다. 그 여인은 험한 세상에서 홀로 무방비 상태에 놓여 있었다. 그녀에게는 삶에 대한 애착이 사라졌다.

이 이야기는 예수께서 하나님과 함께 능력을 사용하라는 요구에 응답하신 다른 기적 이야기와는 다르다. 이 이야기에서 여인은 울기만 할 뿐 다른 것을 요청하지 않는다. 예수께서 능력의 행동을 하신 유일한 동기는 그 여인을 향한 긍휼심이었다. 다른 이야기에 긍휼심이 없는 것은 아니다. 그러나 여기에서는 긍휼심이 예수께서 기적을 행하신 유일한 동인(動因)인 듯하다.

누가가 긍휼심을 표현하기 위해 사용하는 단어는 *splanchna*라는 헬라어로서 "창자", "내장"을 의미한다. 그 단어는 사람의 몸 속에 있는 기관들, 사람들의 느낌과 정서가 담겨있는 곳을 가리키기 위해서 사용된다. 우리는 보다 세밀하게 구분하여 심장을 사람의 깊은 감정을 상징하는 내부 기관으로 언급하는 경향이 있다. 그리스인들은 매우 현실적이었다. 그들은 사람의 뿌리 깊은 감정을 나타내는 상징으로 "창자"를 사용했다. 성경에서 *splanchna*는 하나님의 연민, 자비, 긍휼을 지칭하기 위해서 사용된다.

누가는 긍휼심을 나타내기 위해서 다소 이상한 단어를 사용함으로써 우리로 하여금 예수님의 긍휼하심 안에서 하나님의 긍휼의 상징을 보게 하려 한다. 긍휼하신 예수님은 하나님과 아주 흡사하셨다. 하나님은 예수 안에서 특이하게 행동하고 계셨다. 우리도 동정심을 나타낼 때에 하나님을 닮는다. 「베니스의 상인」에서 여주인공 포샤는 법정에서 행한 자비에 관해 말하면서 자비는 우리로 하여금 하나님을 닮게 만든다고 말한다. 마태복음의 산상수훈 결론을 기억하라: "하늘에 계신 너희 아버지의 온전하심과 같이 너희도 온전하라." 누가는 "너희 아버지의 자비로우심같이 너희도 자비로운 자가 되라"고 표현함으로써 이 명령을 훨씬 가능성 있게 보이게 한다.

"자비의 창자"라는 표현은 매우 원색적인 것으로 보이지만, 참된 긍휼심은 우리 존재의 중심-이곳에서 우리는 가장 충실하게 자신을 자제하며, 하나님 및 형제 자매들과의 일치를 매우 심오하게 의식한다-으로부터 생겨난다는 사실을 아주 생생하게 해 준다. 예수님의 긍휼에 대한 복음서의 묘사는 우리에게 자신의 내면으로 들어가서 그곳에 저장되어 있는 많은 자비와 긍휼을 끌어내라고 요구한다. 예수님은 성문 앞에서 과부를 만나셨다. 그 여인은 바야흐로 아들과 함께 평화롭게 살아왔던 성문을 넘어서서 슬픔과 죽음의 장소로 들어가고 있었다. 우리는 종종 평화와 깊은 슬픔 사이의 문턱에 있는 사람들의 삶과 접촉하는 위치에 선다. 이 때에 우리는 "자비의 창자"로 그들을 대할 준비가 되어 있어야 한다: 예수님처럼 자비롭고, 하늘에 계신 아버지처럼 자비로워야 한다. 이것이 "생명이 있는 땅에서 여호와 앞에 행하는 것"이다.

비폭력

지금까지 우리가 생명이 있는 땅에서 여호와 앞에 행하기 위해서 지녀야 하는 태도에 대해 이야기하면서, 대화와 긍휼심을 언급했다. 이제 세 번째 태도, 즉 비폭력에 대해서 간단히 고찰해 보려 한다. 어떤 의미에서, 비폭력에는 대화와 긍휼이 포함되어 있다. 비폭력은 대화할 때의 노력을 전제로 하며, 긍휼을 요구한다. 이 용어는 부정적인 것-난폭하지 않음, 아무도 해치지 않음-처럼 보이기 때문에 여러 면에서 불운한 용어이다. 실질적으로 비폭력에는 매우 적극적인 것, 즉 무조건적인 사랑이 포함된다.

  비폭력은 전쟁을 대하는 태도이지만, 단순히 전쟁을 대하는 태도는 아니다. 전쟁이 그른 것이라는 비폭력적인 태도는 우리가 살아가는 전체적인 방법과 관련된 태도 중 하나이다. 그것은 우리가 사람들을 대하는 방법, 특히 불화나 갈등이 있을 때에 사람들을 대하는 방법과 관련된다.

  나에게는 비폭력이 매우 중요하다. 비폭력이 발생할 때에, 나의 삶에서 일종의 변혁이 일어난다. 나는 살아가면서 사람들을 대할 때에 나의 의도와는 달리 난폭해지기 쉬운 상황을 많이 보아왔다. 우리들은 알지 못하는 사이에 폭력의 그룹에 잡혀 있다. 우리 자신을 정당화하려는 욕구, 즉 우리가 옳고 상대방이 그르다는 것을 증명하려는 욕구는 매우 인간적인 약점으로서 쉽사리 폭력으로 이어진다. 여기에서 폭력이란 악한 방법으로 사람들을 해치는 것을 의미하는 것이 아니라, 분별 없이 사람들의 내면에 있는 가장 좋은 것 대신에 가장 나쁜 것을 발휘하는 것을 의미한다. 언젠가 전화로 어느 여인과 대화를 한 적이 있는데, 그 여인은 전화 도중에 정말 난폭해져서 무례한 태도로 전화를 끊어버렸다. 전화를 끊은 후에 나 자신도 난폭했었다는 것, 그리고 그것이 그녀가 난폭하게 행동한 원인이었을 수도 있다는 것을 깨달았다. 나는 실제로 그녀에게 특별히 난폭한 말을 하지 않았지만, 그녀의 내면에 있는 좋은 것, 진리를 발휘하도록 도와주지 않았다. 만일 내가 다른 방식으로 이야기했다면, 그렇게 할 수 있었을 것이다. 나는 삶의 많은 분야와 관련하여 그리 멀지 않은 과거에 나에게 발생하지 않았을 수도 있는 비폭력을 보게 되었다.

그러나 비폭력은 수동성이 아니다. 비폭력은 진리를 가지고 상대방을 대면해야 한다. 그런데 어떻게 해야 내가 진리를 가지고 있다는 독선적인 인상을 주지 않고 비폭력적으로 이 일을 하는가–이것은 비폭력이 제공하는 문제요 도전이다. 또 상대방에게 있는 진리, 상대방이 말하려 하면서도 제대로 표현하지 못하기 때문에 비폭력에 능숙하지 않으면 들을 수 없는 진리를 보아야 한다는 문제와 도전도 있다. 선한 사람들 사이에는 불필요한 오해가 무척 많다. 나는 그것이 우리는 인정하지 않지만 우리의 내면에 있는 은밀한 공격성 때문이라고 생각한다.

물론, 비폭력의 또 다른 측면은 무조건적인 사랑이다. 상대방이 사랑을 받을 자격이 있다고 생각할 때까지 사랑을 보류하기는 쉽다. 그러나 만일 우리가 하나님의 사랑을 받을 자격을 갖출 때까지 하나님이 그의 사랑을 보류하신다면, 우리는 지금 세상의 어느 곳에 처해 있을까? 그러나 하나님은 결코 그의 사랑을 억제하지 않으신다. 왜냐하면 하나님은 지극히 관상적(contemplative)이시기 때문이다. 여기서 관상적이란 하나님이 모든 일의 상세한 내용을 직접적으로, 그리고 완전히 의식하시며 구체적인 개념을 말씀하신다는 뜻이다. 하나님은 관상적이시기 때문에 완전히 비폭력적이시다. 하나님께서 지으신 것들에게 폭력을 행하신다는 것은 하나님의 존재 자체와 어긋나는 일일 것이다. 하나님은 사물을 지으신 대로 두신다. 그러므로 관상과 비폭력적인 사랑은 말로 표현할 수 없는 하나님의 신비를 희미하게 감지한다.

궁극적으로 우리의 비폭력도 하나님의 비폭력처럼 관상생활의 깊은 곳으로부터 흘러나와야 한다. 우리가 하나님이라고 부르는 바 감추어진 사랑의 근저 안에서 "모든 사물과 모든 사람과 하나가 된다"는 깊은 깨달음은 비폭력적 사랑의 실천을 요구한다. 우리는 세상 어디에 있든지 "생명이 있는 땅에서 여호와 앞에" 행한다.

하나님의 신비에 대한 깊은 고찰로부터 추론해 낼 수 있는 바 비폭력적 사랑의 생활을 해야 할 책임은 초대교회로부터 우리에게 전해져 내려온 예수님의 가르침 안에 명시되어 있다. 그러나 비폭력적 사랑에 대한 예수님의 가르침의 구심성이 항상 인정되어 온 것은 아니다. 그 이유는 예수님의 많은 가르침들이 교회의 생활 속에서 우리에게 전해져 왔지만, 우리는 그것들을 다룰 때에 항상 우리의 긴급사들을 착실히 유지하지는 못했기 때문이다. 다른 세대들보다 이 일을 더 훌륭하게 행한 세대가 있었다. 교회사에는 우리가 믿고 실천하는 모든 것이 동등하게 강조되는 듯이 보이는 시대가 있었다. 또 특정 시대의 논쟁 때문에 때로 교회 공동체가 실질적으로 더 중요한 가르침을 무시하고 특별한 가르침을 강조하게 되었던 시대도 있었다.

제2차 바티칸 공의회는 우리가 믿고 실천하는 것 안에서 균형을 유지해야 한다는 반복되는 문제에 주목하고서 유익한 원리를 제공했다. 이 공의회가 발표한 에큐메니즘에 관한 교령(Unitatis Redintegratio)에서는 이렇게 말한다: "교리들은 기독교의 믿음의 기초와 관련하여 변화되므로, 교리를 비교할 때에는 보편적인 가르침 안에 진리들의 질서나 위계 제도가 존재한다는 점을 기억해야 한다." 신앙과 도덕을 포함하는 문제에서 어디에 에너지와 강조점을 둘 것인지를 결정할 때에, 그러한 기본 원리-우리가 믿는 모든 것이 동일하게 중요하거나 동일한 관심을 기울일 가치가 있는 것이 아니라는 것-는 매우 큰 도움이 될 수 있다.

요한복음 15:12에 기록된 예수님의 말씀-"내 계명은 곧 내가 너희를 사랑한 것같이 너희도 서로 사랑하라 하는 이것이니라"-이 그러한 진리의 위계질서 내 어디에 위치하는지에 대해서는 의심할 수 없다고 생각된다. 예수님의 말씀은 진리들의 중심에 있으며 가장 우선적인 것으로 간주되어야 한다. 이 사랑의 명령은 다른 모든 명령 안에 내재하는 가치들을 포섭하는 것으로서, 하나님께서 우리에게 주신 선물, 새로운 실체이다. 그것은 하나님과 이웃을 사랑하라는 전반적인 명령의 단순한 반복이 아니다. 그것은 예수께서 우리 가운데 오시기 오래 전부터 있었던 명령이었다. 그것을 새로운 실체요 독특한 예수님의 명령으로 만들어주는 것은, 예수께서 우리를 사랑하신 것처럼 우리도 사랑해야 한다는 내용이다. 우리는 사랑하는 데 있어서 예수님처럼 되어야 한다. 우리는 예수님의 사랑과 같은 종류의 사랑으로 사랑해야 한다.

그렇다면, 예수님의 사랑은 어떤 것이었는가? 그것은 무조건적인 사랑이었다. 그 사랑은 열렬함에 있어서 무조건적인 사랑이었다. 예수님은 죄인들과 함께 음식을 먹든지 산을 넘든지 사랑이 이끄는 곳이라면 어디든지 가려 하셨다. 그것은 범위에 있어서 무조건적인 사랑이었다. 즉 예수님 자신과 친구들뿐만 아니라 이방인들이나 국외자들, 변방인(限界人), 심지어 원수들까지 모든 사람을 포함하는 포괄적인 사랑이었다. 또한 그것은 보편적인 적용성에 있어서 무조건적인 사랑이었다. 그것은 모든 율법 체계의 한계를 부수고, 모든 명령과 법에게 그것들이 현재 소유하고 있는 내적 의미를 부여해 주었다. 마지막으로, 그것은 그 욕구에 있어서 무조건적인 사랑이었다. 그것은 사람을 만날 때에 사랑에 의해 고취되고 유지되지 않는 수단을 모두 거부했다. 이것은 그 사랑이 다른 사람을 조종하는 것과 폭력을 거부했으며, 모든 사람 안에 있는 진리를 깊이 존중했다는 것을 의미한다.

지금 우리는 기독교 신앙의 중추요 기초에 대해 이야기하고 있다. 우리는 교회나 신학과 관련된 모든 종류의 일에 대해 이야기할 수 있지만, "우리는 예수께서 우리를 사랑하신 것처럼 서로 사랑하는가? 우리는 예수님이 사신 것처럼 살기 위해서,

즉 무조건적인 사랑을 실천하기 위해서 노력하고 있는가?" 하는 것이 근본적인 질문이 되어야 한다. 만일 우리가 이렇게 행하지 않는다면 교리, 신조, 기타 다른 주제에 대해 우리가 행하는 모든 논의는 티끌이나 먼지와 다를 바 없다. 사실상 그러한 논의는 책임 회피, 즉 기본적으로 기독교적인 한 가지 일-아무런 조건 없이 서로 사랑하는 것-을 행하지 않으면서 기독교적인 일을 행하려고 노력하는 것이다.

요한의 저술들(제4복음서 및 요한의 서신들)은 사랑의 중요성을 매우 분명하게 표현한다. 요한일서에서는 그것을 다음과 같이 단순하게 표현한다: "사랑하지 아니하는 자는 하나님을 알지 못하나니 이는 하나님은 사랑이심이라"(요일 4:8). 사랑하지 않는 사람도 하나님에 대해서 말하거나 글을 쓸 수는 있다. 그러나 사랑이 없는 사람은 하나님에 대해서 말은 잘하겠지만, 자신이 하는 그 말의 뜻을 모르고 말하고 있다.

참된 기독교적 사랑은 호흡과 같다. 사랑이 없으면 영적으로 살지 못한다. 살아 있으려면 호흡할 수 있어야 한다. 참된 기독교인이 되려면, 사랑하는 사람이 되어야 한다. 사랑은 우리의 삶의 중심에 있다. 이 사랑을 중심으로 삼아 살아갈 때에(혹은 살려고 노력할 때), 우리는 "생명이 있는 땅에서 여호와 앞에 행하므로" 항상 인간의 삶인 그 원주의 환경에다가 사랑을, 그리고 모든 영역 간의 관계에다가 사랑을 가져다 줄 수 있을 것이다.

앞에서 우리가 꿈을 실현하려면 먼저 꿈을 가져야 한다고 말한 바 있다. 우리가 살고 있는 세상의 상태가 항상 희망적인 꿈-대화와 긍휼심과 비폭력이 최고의 우선순위가 되는 세상에 대한 꿈-을 가질 수 있도록 우리를 격려해 주지는 않는다. 그러나 우리는 부활의 승리를 믿기 때문에 고통, 가난, 테러리즘, 끊임없는 대량 파괴의 전쟁의 위협 등이 직면해 있는 세상에 살면서도 감히 희망을 가져야 한다는 것이 기독교인으로서의 소명이다.

"감히 희망을 갖는다"는 말의 의미는 무엇인가? 그것이 의미하는 것 중에서 중요한 것은 우리의 상상을 정화한다는 것이다. 무엇인가 보다 좋은 것을 바랄 수 있으려면, 그것을 상상할 수 있어야 한다. 우리의 상상력은 많은 악으로 인해 무능하게 되었기 때문에, 우리는 생명이 위협을 받지 않는 세상, 공기와 물이 오염되지 않은 세상, 그리고 사람들이 형제 자매의 참된 행복에 진정으로 관심을 갖는 세상에서 평화롭고 조화롭게 산다는 것이 어떤 것일지 상상하는 능력을 대부분 상실했다. 그러한 상태는 유토피아처럼 보인다. 유토피아란 말의 문자적인 의미는

"어딘지 모르는 곳"(nowhere)이다.

몇 년 전에 세계의 평화와 일치를 위해 애쓰는 잡지인 *Sojourners*라는 잡지에 데니스 레버토프(Denise Levertov)라는 유명한 미국 시인의 시가 게재되었다. 그녀는 우리가 단순히 전쟁의 종식이 아닌 참된 평화를 생각하기 위해서 상상력을 정화하는 데 도움을 주는 것이 시인의 특별한 임무라고 주장한다. 실제로 그녀는 자신이 시를 쓰는 것은 평화를 이루기 위해 일하는 것과 같다고 말한다. 그녀는 슬픈 음성을 듣는다:

어둠 속에서 음성이 들려온다.
"시인은 우리에게 평화에 대한 상상을 주어야 하며,
재앙에 대한 강력하고 친근한 상상을 몰아내야 한다.
평화는 전쟁의 부재에 불과한 것이 아니라"라고.
그녀는 그 음성에게 이렇게 대답한다:
그러나 평화도 시처럼 그 자체보다
앞서는 것이 아니며,
만들어지기 전에 상상될 수 없으며,
그것을 구성하는 단어에는
정의의 문법과

상호 도움의 구문론 외에
알려지지 않는다.

그녀는 평화를 생각하는 방법을 배우며 시인이 시의 운율을 느끼기 시작하는 것처럼 평화를 느끼는 방법을 배워야 한다고 말한다:

그것을 향한 느낌,
운율을 희미하게 감지할 때에
우리는 그 비유들을 말하기 시작하며,
말하면서 그것들을 배운다.

그녀는 오직 평화를 실천함으로써 평화(와 일치, 그리고 그것이 구현하는 행복)에 대해 배운다고 말하려 한다:

만일 우리의 삶이 만들고 있는 문장을 재구성하며,
이익과 권력에 대한 주장을 철회하고,
우리의 욕구를 살펴보면서
한참 동안의 쉼을 허락한다면…

평화에 관한 하나의 문장이 나타날 것이다.
평화의 운율은 그 상이한 받침점 위에서
무게의 균형을 이룰 것이다;
그 때에 평화, 현존, 전쟁보다 더 치열한 에너지 분야는
세상 속으로 한 연씩 차례로,
하나 하나의 삶의 행동은 삶의 단어를,
각각의 삶의 단어는
빛의 진동을 흘려보낼 것이다.

상상력의 정화, 생생하고 살아 있는 경험들이 문장과 연을 이루는 평화의 시를 저술하는 것은 진실로 돌보는 세상, 진정한 교제와 참된 긍휼과 무조건적인 사랑이 존재하는 세상을 건설하는 방법이다. 우리는 "생명이 있는 땅에서 여호와 앞에 행하면서" 그러한 세상을 건설하기 위해 일한다.

깨달음을 방해하는 것들

"천국은 마치 밭에 감추인 보화와 같으니"(마 13:44).

지금까지 기도 경험의 근본적인 의미로서 하나님의 현존-우리가 하나님 안에 있다는 것, 우리가 하나님과 하나라는 것-에 대한 깨달음에 대해 이야기해 왔다. 이러한 깨달음을 소유하는 것은 곧 하나님과의 일치, 그리고 다른 실체들과의 일치를 경험하는 것이다. 그러나 우리가 직시해야 하는 문제가 있다: 우리가 일반적으로 갖는 의식 수준보다 더 깊은 차원의 의식을 갖지 못하는 한, 이러한 깨달음, 즉 존재하는 모든 것과의 일치의 경험을 가질 수 없다.

이 장에서는 우리가 진정한 영성의 핵심이 되는 하나님에 대한 깊은 깨달음을 가지려면 우리가의 일상생활에서 오는 깨달음을 살펴볼 필요가 있다는 것을 말하려는 것이다. 우리가 기도와 관련하여 직면하는 하나의 문제는 기도할 때에 우리가 행하는 것에 대한 관심이 아니라, 하루의 나머지 시간에 행하는 것에 대한 관심에 직면해야 한다는 것이다. 우리는 누구이며, 어디에 있으며, 무엇을 하며, 왜 그러한 행동을 하는지 등에 대한 우리의 의식은 종종 일종의 반(半) 의식적인 수준에 머문다. 토마스 머튼이 말했듯이, 우리는 온갖 것들을 탐구하기 위한 도구들을 가지고 있지만 "바로 우리 앞에 있는 것은 직접 보지 못한다."

우리는 자기 앞에 놓인 실체를 부분적으로만 의식하기 때문에 우리의 존재는 분열되고 격리된다. 이러한 분열과 붕괴 때문에 우리는 기도할 때에 정신을 집중하기 어렵다. 우리는 집중(존재의 모든 요소들을 하나로 모아들이는 것)하기보다는 분심(分心: 우리의 에너지가 여러 방향으로 흩어져 일치된 의식을 상실한 것)된다. 우리가 자기의 내면에서 근본적인 합일을 경험하지 못한다면, 하나님과의 합일을 이루는 경험을 할 수 있을 것이라고 기대할 수 없다. 우리에게 종종 자신의 존재 및 주위에서 실체를 경험하기 위한 일상적인 의식이 결여되어 있다. 그런데 이러한 일상적인 의식은 우리로 하여금 하나님의 현존에 대한 깊은 의식을 할 수 있게 해 준다.

나에게는 신학교 성경 교수 한 분에 대한 잊지 못할 기억이 있다. 그러나 이상하게도 그분에게서 성경에 대해 배운 것을 기억하는 것이 아니라 그분이 종종 「그리스도를 본받아」(*The Imitation of Christ*)를 인용하신 일을 기억한다. 그분은 단지 *Age quod agis*라는 세 단어를 인용하셨는데, 이 말은 교실에서 진행되고 있는 것에 대해서 최소한 평상적인 깨달음(ordinary awareness: 平常心으로 깨닫는다는 의미로 해석할 수 있음: 역자 주)을 가지라는 의미였다. 안타깝게도 당시 많은 학생들은 교실에서 성경 공부 외에 다른 일들을 하고 있었다. "Age quod agis"는 "지금 하고 있는 것을 하라"는 의미이다. 즉 "다른 것을 하지 말고 지금 여기에서 당신이 하기로 한 일을 하시오."

*Age quod agis*는 영성생활에 있어서 중요한 원리이다. 우리는 지금 하고 있는 것을 해야 할 필요가 있다. 이 말에 대해 "그

렇지만 그것은 자명한 이치가 아닙니까? 우리는 언제나 지금 하고 있는 것을 하고 있지 않습니까?"라고 반발하는 사람도 있을 것이다. 이에 대한 대답은 "아니다"이다. 안타깝게도 대부분의 경우, 우리는 어떤 일을 하고 있지만 실제로는 그 일을 하고 있지 않다. 지금 그 일을 하는 것같이 보이기는 하지만, 실제로는 다른 일을 하고 있다. 한 가지 예를 들어 보면 도움이 될 것이다.

몇 년 전에 대학에서 나의 강의를 들은 적이 있는 젊은 여인이 나를 찾아왔다. 그녀는 사회사업 분야에 종사하면서 훌륭하게 일했었다. 그러나 7, 8년이 지나면서 그 일에서 많은 스트레스를 느꼈다. 그녀는 완전히 탈진되었고, 무엇인가 다른 할 일을 찾아야 한다는 생각을 했다. 나는 그녀에게 무엇을 하고 싶다고 생각하느냐고 물었다. 그녀는 "글쎄요. 내가 정말로 하고 싶은 일은 대학에서 가르치는 것입니다. 그러기 위해서는 박사 학위를 취득해야 하는데 내 생애에서 4년이라는 기간을 포기해야 하지요. 그러나 그럴 수는 없습니다"라고 대답했다.

나는 그녀에게 "먼저 접시 닦는 법을 배워야겠어요"라고 대답했다. 그녀는 "무슨 뜻인지 모르겠습니다. 나는 지금까지 접시 닦는 일을 많이 해 보았습니다. 나는 접시 닦는 방법을 잘 압니다. 그런데 대학에 가는 것과 접시 닦는 일이 무슨 관계가 있습니까?"라고 물었다. 나는 "아마 접시 닦는 방법을 모를 수도 있습니다. 한 가지 이야기를 해 드리지요"라고 말하고 나서 틱나한(Thich Nhat Hanh)의 책에 있는 간단한 이야기를 해주었다. 틱나한은 베트남 전쟁을 반대한 베트남의 고승으로서 현재 프랑스 남부 지역에서 살고 있다. 내가 언급한 그의 책 제목은 「정신 집중의 기적」(*The Miracle of Mindfulness*)이었다. 그는 그 책에서 어느 날 International Fellowship of Reconciliation의 지도자인 짐 포리스트(Jim Forest)가 그를 찾아왔던 일에 대해 기록했다. 두 사람은 함께 저녁을 먹었다. 틱나한에게는 차와 후식을 대접하기 전에 접시를 씻는 습관이 있었다.

식사를 마친 후에 틱나한은 차를 대접하기 전에 접시를 닦고 싶다고 말했다. 짐은 틱나한이 차를 준비하는 동안에 자기가 접시를 닦겠다고 제안했지만, 틱나한은 "당신이 접시 닦는 방법을 아는지 모르겠어요"라고 말했다. 짐은 웃으면서 "물론 알지요. 나는 접시 닦는 법을 압니다. 평생 그 일을 해왔던 걸요"라고 말했다. 그러나 틱나한은 "그렇지 않아요. 당신은 차와 디저트를 마시기 위해서 접시를 닦곤 했을 것입니다. 그것은 접시 닦는 방법이 아닙니다. 접시를 닦기 위해서 접시를 닦아야 해요"라고 말했다.

"접시를 닦기 위해서 접시를 닦아야 해요"라는 간단한 말 속에는 우리가 깨닫는 것보다 훨씬 심오한 지혜가 들어 있다고 생각된다. 그것이 「그리스도를 본받아」에서 말하는 *Age quod agis*이다. 우리는 자신이 하고 있는 것을 하며 그 일에 정신을 완전히 집중해야 한다. 이것은 "통상적인 평범한 의식"과 관련된다. 그것은 한 번에 한 가지 일을 하되 완전히 주의를 집중하여 방심하지 말고 행하라는 의미이다.

이것이 내가 그녀에게 설명해 주려고 한 요점이다. 만일 박사 학위를 얻기 위해서 학교에 가기로 결심한다면, 학교에 다니는 기간을 단순히 자기가 원하는 교수직을 얻기 위한 수단으로 보는 것이며, 그래서는 안 된다. 단지 공부하기 위해서 공부해야 한다. 즉 공부하기 위해서, 풍부한 경험을 얻기 위해서 학교에 가서 공부해야 한다. 만일 단지 장래에 직장을 얻기 위해서 대학에 간다면, 학교 생활에서 얻을 수 있는 많은 경험을 잃게 될 것이다. 매일 대학교 강의실에서 자신이 하고 있는 것을 의식하는 것이 중요하다.

우리 모두는 한 쪽 발은 현재에 두고 나머지 한 쪽 발은 과거나 미래에 두고 살려는 경향이 있다고 생각된다. 그렇게 되면,

현재를 완전히 의식하지 못하고 있기 때문에 현재의 풍요로움을 잃고 만다. 우리는 완전히 현재에 존재하지 않기 때문에 완전히 깨닫지 못한다. 그러므로 우리는 흔히 다른 일을 할 수 있게 되기 위해서 어떤 일을 하고 있다. 우리의 생각은 다른 일에 몰두하고 있으므로, 지금 하고 있는 것을 실제로 경험하지 못한다. 끊임없이 교묘하게 과거와 미래 사이를 오갈 때에, 우리는 실질적으로 현재에 존재하지 않는다. 우리는 지금(now)이란 무엇인지 제대로 의식하지 못한다. 우리의 생각은 다음에 해야 할 일에 집중되어 있기 때문에, 현재 하고 있는 것을 즐기지 못한다. 또 우리의 생각이 현재로부터 벗어나 있기 때문에, 우리는 지금 여기에서 하고 있는 것을 충분히 의식하지 못한다.

어느 영적 스승은 제자들에게 "걸을 때에 걷고, 먹을 때에 먹어라"하고 가르쳤다. 한 제자는 대꾸하기를 "누구나 그렇게 하지 않습니까?"라고 했다. 스승은 제자에게 "그렇지 않다. 많은 사람들은 걸어가면서도 자신이 가고 있는 장소에만 정신을 집중한다. 그들은 걷는 것을 진정으로 경험하지 못한다. 많은 사람들은 먹을 때, 식사 후에 할 일에 대해서 궁리하는 데 더 몰두한다. 이처럼 지금 자신이 행하고 있는 일에 대한 방심은 자신이 먹고 있는 것, 또는 자신이 음식을 먹고 있다는 사실에 주의를 기울이지 않고 있음을 의미한다. 그들은 자신이 음식을 먹고 있다는 사실을 의식하는 데서 즐거움을 취하지 못한다"고 말했다.

이처럼 우리는 지금 이 순간에 주의를 집중하지 않기 때문에 참된 깨달음(의식)을 얻기 어렵다. 과거는 지금 존재하지 않는 지나간 것이다. 미래는 장차 오겠지만, 지금은 아직 존재하지 않는다. 실재하는 것은 현재뿐이다. 우리가 현재에 머물지 못하면, 진실로 실재와 만날 수 없다. 이것은 우리가 기도할 때에 주의를 기울이며 우리로 하여금 하나님과 만나게 해줄 수 있는 단순한 의식(깨달음)을 소유할 수 없게 만든다.

이상은 현재의 순간에 주의를 집중하는 것이 하나님의 현존에 대한 우리의 의식(깨달음)을 깊게 하는 데 큰 도움이 될 수 있다는 말이다. 이처럼 현재의 순간에 주의를 집중하는 것은 우리의 존재를 하나로 만들어준다. 그것은 우리로 하여금 보다 쉽게 하나님과의 하나 됨(일치)을 경험할 수 있게 해 준다.

지금 여기에 존재하는 것에 생생하게 주의를 집중하면서 이 순간을 살기가 어려운 이유는 무엇인가? 왜 우리는 이처럼 자주 현재에서 벗어나 과거나 미래에게 이끌려 가는가? 여기에는 여러 가지 요인이 포함되어 있다고 생각된다. 그 중에서 우리

문화에 속한 것들과 우리의 인격 구조에 속한 것들에 대한 두 쌍의 요인을 언급하고자 한다. 우리의 문화에 속한 것으로서 참된 깨달음을 방해하는 것 세 가지를 들면 다음과 같다: (1) 분주함, (2) 생산성과 능률에 대한 집착, (3) 삶을 가득 채우고 있는 어쩔 수 없는 것 같은 소음.

우리 문화 안에 있는 장애물

분주함

깨달음을 방해하고, 그럼으로써 기도를 방해하는 분주함이라는 요소에 대해서 생각해 보자. 종종 다양한 책임이 우리의 주의를 야단스럽게 요구함으로써 우리의 에너지를 여러 방향으로 흩어지게 한다. 1965년에 하비 콕스(Harbey Cox)는 거대한 고층 아파트와 고속도로 변에서 보는 클로버 잎은 60년대의 상징이며, 사람들이 어디에 가든지 서로 교제하기 위해서 발견하는 새로운 자유라고 주장했다. 나는 약속 일정을 기록해 두는 메모장이 우리 시대의 상징이라고 말하고 싶다. 많은 사람들이 약속의 노예가 되어, 다음 약속을 어기지 않으려고 한쪽 눈으로는 시계를 보면서 이러저러한 약속을 지킨다. 우리는 한 가지 일을 하면서도 정신을 반쯤은 다음에 해야 할 일에 쏟는다. 흔히 우리는 시간이 우리에게 속한 것이 아니라 우리가 시간에 속해 있으며, 그것에 대한 책임을 져야 하는 것처럼 행동한다. "서두름" 안에서는 결코 깨달음이 없다는 것을 알아야 한다. 우리 앞에 놓인 것을 황급하게 본다면 제대로 볼 수 없다. 황급하게 행동을 한다면, 우정을 형성할 수 없다. 꽃을 바라보지 않고서는 그 꽃을 볼 수 없다. 철학자 비트겐스타인(Wittgenstein)은 "생각하지 말고 보라"고 했다. 미국의 미술가 조지아 오키페(Georgia O'Keeffe)는 다음과 같이 신랄한 글을 썼다:

"아직 아무도 꽃을 보지 못하고 있다. 실제로 그것은 너무 작고, 우리에게는 시간이 없다. 친구를 사귀려면 시간이 필요하듯이, 꽃을 보는 데에도 시간이 필요하다"
(Katherine Hoffman, *An Enduring Spirit: The Art of Georgia O'Keeffe* [Metuchen, N.J.: Scarecrow Press, 1984]).

무엇인가를 보려면 시간이 필요하다. 친구와 교제하는 데에도 시간이 필요하다. 행복감을 갖는 데에도 시간이 필요하다.

기도에도 시간이 필요하다. 황급히 기도하는 것은 기도라고 할 수 없다.

신자들은 특히 이러한 "성급한 기도"(speed-praying)를 경계해야 한다. 신자들은 대부분이 이해되지 못하는 죽은 언어로 진행되는 예배 때문에 이러한 습관을 갖게 된 것 같다. 빨리 이런 습관을 바꾸지 못하는 이유가 무엇인가? 언젠가 런던 동부에 있는 성공회의 피정 센터인 Royal Foundation of Saint Katherine에서 피정을 인도한 적이 있다. 피정하는 사람 중 성공회 교인들과 가톨릭 신자들이 섞여 있었다. 처음 모임을 마친 후에 나는 참석자 모두에게 주기도문으로 기도하라고 했다. 그들은 내가 가톨릭 예배에서 듣던 것보다는 훨씬 느린 속도로 주기도를 드렸다. 나는 자신 있게 여기에 모인 사람들 중 가톨릭 신자들보다 성공회 신자들이 많다고 말했더니, 참석자들은 모두 놀랐다. 정말로 내 판단이 옳았다.

생산성과 능률에 대한 집착

그러나 우리가 존재하는 것에 대한 참된 깨달음을 얻지 못하게 방해하는 또 다른 심각한 문제가 있다. 그것은 우리가 생산 지향적인 문화 안에서 살고 있다는 것이다. 이 문화는 우리에게 항상 이익이 되는 일을 해야 한다는 강박감을 갖게 한다. 이러한 태도는 기도, 특히 깨달음의 기도에는 치명적이다. 왜냐하면 깨달음의 기도는 무엇인가 생산하려는 것이 아니기 때문이다. 깨달음의 기도란 단지 하나님 및 모든 실체를 보다 온전히 의식하게 하는 것, 다시 말해서 우리로 하여금 새로운 것이 아니라 존재하는 것을 깨닫게 하는 기도이다. 생산성을 추구하는 사회가 볼 때에, 아무것도 생산하지 않는 이러한 기도는 사람이 하는 일 가운데 가장 무익한 것이라고 여겨질 것이다. 다시 토마스 머튼의 글을 인용해 보자:

> 우리는 행동에 사로잡혀 있기 때문에, 단순히 존재를 위한 시간과 상상력이 남아 있지 않다. 따라서 사람들의 가치를 판단할 때에 그들의 실제의 존재에 따라서 판단하는 것이 아니라, 그들이 행하는 것이나 소유하고 있는 것에 의해서 판단한다. 맡은 역할을 축소당한 사람은 굴욕적이고 소외된 상태에 놓인다. 그는 다른 사람을 위해서 존재하며, 심지어 다른 사물을 위해서 존재한다. …우리가 소유하는 재미까지도 어떤 목적을 위한 것이다. 그것은 단순히 즐기며 누리는 기쁨에 의해서 판단되는 것이 아니라

유용성에 의해서 판단된다. 그것은 우리의 기분을 좋게 하며, 그렇기 때문에 자기가 맡은 역할을 더 잘 수행하며…인생에서 성공하는 데 도움을 준다.

머튼은 우리가 행복하지 못한 이유에 대해서 이렇게 대답한다:

그것은 우리의 노예근성 때문이다. 축하 의식 전체가 "유익하기" 때문에 허무하다. 우리는 아직 무익한 것들의 근원적인 유익함을 재발견하지 못했다. 이와 같은 존재 의식의 상실 때문에 삶을 위해서 사는 능력이…"행함"에 사로잡힌 우리 세계의 좌절된 분주함이 임하기 때문에 "재미를 누리는 것"까지도 하나의 일…진정한 생산, 체계적인 캠페인이 된다(*Conjectures of a Guilty Bystander*, 308-9).

소음

마지막으로 소음이라는 문제가 있다. 하늘을 날아가는 비행기의 소음, 고속도로를 달리는 승용차와 화물차, 라디오, 텔레비전, 온갖 종류의 기계의 소음은 우리의 삶을 조화로 채우는 것이 아니라 불협화음으로 가득 채운다. 우리 문화의 가치 체계 안에는 단순히 홀로 거하는 것, 침묵하는 것, 아무것도 행하지 않는 것 등을 위한 공간이 없는 것 같다.

만일 우리가 진지하게 관상생활의 태도를 취하려 한다면, 어느 정도는 문화에 대항해야 한다. 우리는 무자비하게 우리의 삶을 어지럽게 만드는 것들에 대해 무관심하는 법을 배워야 한다. 그리고 분주하지 않고 조용히 살려고 노력해야 한다. 날마다 고요하게 보내는 시간을 가져야 하고, 적어도 한 달에 한 번은 고요하게 지내야 한다. 하나님은 시편 기자를 통해서 우리에게 말씀하신다: "너희는 가만히 있어 내가 하나님 됨을 알지어다." 그분은 우리가 지금 경험하는 하나님이시다. 만일 우리가 하나님의 현존을 의식하는 법을 배우려 한다면, 이 순간을 보다 충분히 의식하는 법을 배워야 한다.

우리의 인격 구조 안에 있는 장애물

앞에서는 우리 문화 안에서 현재에 대한 우리의 깨달음을 흐리게 하는 분주함, 생산과 능률에 대한 집착, 내면적인 청력을 둔하게 만드는 많은 소음이라는 세 가지 요소에 대해 언급했다. 또 현재에 대한 우리의 의식을 방해하는 것으로서 인격 구조 안에 있는 요소들도 제안했다. 이러한 인격적 요소 중 하나가 우리의 생각이다. 만일 우리의 깨달음의 의식을 방해하고 참된 기도를 방해하는 주요한 장애물을 "나쁜 생각"이라고 말한다면, 내가 60년대 이전의 시대로 돌아가라고 말한다고 생각하는 사람들이 있을 것이다.

내 말의 의미는 다음과 같다. 60년대 이전에 고해신부로 활동했던 사람은 고해실에서 자주 "나쁜 생각들"이 언급되었던 것을 기억할 것이다. "나쁜 생각들"이 많은 참회자들을 사로잡고 있었다. 그들은 죄를 고백하러 갈 때마다 당연히 "나쁜 생각들"을 고백해야 한다고 여겼다. 왜냐하면 그러한 생각들이 삶에서의 일반적인 경험이라고 확신했기 때문이다. 그들은 나쁜 생각을 하지 않은 채 하루 또는 며칠을 보낼 수 있다고 생각하지 못했다. 그렇기 때문에 흔히 사람들은 "2주 전에 죄를 고백할 때에 나에게는 14가지의 나쁜 생각이 있었다"고 말했다. 그들은 실제로 자기들이 나쁜 생각을 얼마나 많이 경험했는지 알지 못했지만, 신중을 기하면 하루에 하나의 나쁜 생각을 한다고 계산할 수 있을 것이라고 느꼈다. 또 어떤 사람들은 확률의 한계를 초월하며, 이 악한 습관을 감소시키지 못했다는 것을 확실히 하기 위해서 "2주 전에 죄를 고백할 때에 나에게는 1,400가지의 나쁜 생각이 있었다"라고 고백할 것이다. 이러한 고백을 듣는 사람은 그가 실제로 한 주일 동안에 "나쁜 생각"을 제외하고 다른 일을 할 시간이 있었을지 의아하게 여길 것이다. 좋은 생각이든 나쁜 생각이든 1,400가지의 생각을 하려면 엄청나게 많은 시간이 필요할 것처럼 보인다.

다행히도 교회사에서 그런 시대는 거의 사라졌다. 이제 사람들은 "지난 번에 죄를 고백한 후로 나쁜 생각을 몇 번이나 했는가"를 헤아리려고 노력함으로써 화해의 성례를 준비하지 않는다. 그들은 복음에 대한 충성에 있어서 그보다 훨씬 더 중요한 잘못이 있는지에 대해 스스로 질문한다.

그럼에도 불구하고 나는 우리가 기도를 잘 하려고 노력하는 데 있어서, 하나님을 의식하려고 노력하는 데 있어서 심각한 문제는 "나쁜 생각들"이라고 주장하고 싶다. "나쁜 생각들"을 다루는 방법을 발견하는 것은 기도를 더 잘하기 위해 취하는 중요한 단계 중 하나라는 말의 의미를 분명하게 설명하고자 한다.

우선, 내가 말하는 "나쁜 생각들"이란 많은 젊은이들이 고백하곤 하는 종류의 생각들, 즉 매력적인 몸매를 가진 아름다운 여인을 보고 즐길 때에 경험하는 생각들이 아니다. 그러한 생각들을 "나쁘다"고 묘사하는 것은 우리가 (물질은 악하다고 간주한) 영지주의적 이단에 얼마나 강하게 의존하고 있는지를 보여줄 뿐이다.

나는 나쁜 생각들에 대해서 말할 때에 이와는 전혀 다른 것을 염두에 둔다. 혹시 어떤 사람이 특별한 성적인 생각들을 "나쁜 생각"의 범주에 포함시키려 한다면, 나는 그것들을 우리의 기도하려는 노력, 하나님을 알려는 갈망을 파괴하는 생각들의 리스트 중에서 제일 낮은 곳에 포함시키려 할 것이다. 나는 나쁜 생각들에 대해서 말할 때에는 우리를 분열시키는 생각, 우리의 존재를 분해하는 생각, 우리의 내면의 통일성을 망치는 생각을 염두에 둔다. 우리를 과거에 얽어매놓거나 현재에서 끌어내어 미래로 몰아넣는 생각들을 생각한다. 예를 들어 내가 염두에 두고 있는 것은 노염과 관련된 생각들이다. 단순히 특별한 상황에서 일어날 수도 있는 순간적인 노염이 아니라 마음속에 숨겨져 길러진 노염, 다른 사람을 폭로하고 그 사람에게 앙갚음을 하며 자신이 옳고 그 사람이 그르다는 것을 증명하려 하는 노염이다. 나에게는 나의 삶의 정황에 대해 불만스러운 생각이 있다. 여기서도 내가 의미하는 것은 덧없는 것이 아니라 곰곰이 생각되어진 것, 아무도 사태를 변화시키는 데 관심을 갖지 않는 것 같아서 내가 변화시켜야 한다고 생각하기 때문에 다른 사람에게 책임을 지우며 내심 계속 비아냥거리는 대상을 의미한다. 나는 이기적이고 자기본위적인 생각, 그리고 상처 입은 교만과 관련된 생각을 염두에 두고 있다. 질투와 불신, 나에게 부당하게 행했다고 생각되는 사람에게 앙갚음을 하려는 욕구와 관련된 생각; 증오와 폭력에 관한 생각, 분개와 앙심, 그리고 항상 강력한 지원 체계를 갖지는 못하는 사람들에게 치명적인 시험이 될 수도 있는 성난 감정 등에 대한 생각을 염두에 두고 있다.

이러한 어지러운 생각들은 우리 안에 있는 거짓되고 망상적인 자아, 우리의 직관에 충실하지 못한 자아, 우리가 지닌 하나님의 형상에 충실하지 못한 자아를 나타낸다. 이 거짓되고 망상적인 자아는 내가 참된 자아가 되며, 이 순간에 대한 충분한 깨달음 안에서 살며, 그럼으로써 하나님의 현존에 대한 의식을 향하는 것을 방해할 수 있다.

우리의 인격 구조에 속한 또 하나의 요인은 게으름이다. 사람들은 요리문답을 상기할 때에 게으름을 특별히 나쁜 것으로 기억할 것이다. 왜냐하면 게으름은 대죄의 하나이며, 대죄 중에서도 악한 죄이기 때문이다. "게으름"(sloth)은 몹시 느린 것, 항상 더딘 것, 한 번도 일을 완전하게 해결하지 못하는 성품을 가리

킨다. 그것은 중세 시대 신학자들, 그리고 그보다 앞서 이집트 사막의 수도사들이 심각하게 여긴 결점이었다. 그들은 그것을 아케디아(acedia)라고 했고, 그에 대한 여러 종류의 논문을 저술했다. 그들은 그것을 우리가 생각하는 방식과는 아주 다르게 보았다. 그들은 그것이 인간의 의식의 중심인 마음에 영향을 준다고 보았다. 어원학적으로, 그것은 "돌봄"(care)을 의미하는 헬라어 *kedos*에서 파생되었다. 이 단어에 부정의 접두사 a-를 추가하면, "돌보지 않음"을 의미하게 된다. 그것은 흐리멍텅한 태도, 나는 조금도 개의치 않는다는 정신, 열정의 부족, 행하는 모든 일에 기쁨을 느끼지 못하는 것이다.

수도사들은 게으름(*acedia*)을 정오의 마귀(daemon meridianus)라고 불렀다. 그것은 밤에 우리를 공격하는 것이 아니라 낮에 공격하며, 형제 자매에 대한 책임을 수행하라는 부름을 받은 시간에 공격한다. (아마 이것이 수도사들이 점심을 먹은 후에 항상 낮잠을 잔 이유일 것이다.) 우리가 매일의 의무를 행하는 동안에 이 마귀로 하여금 우리와 동행하게 하여 음울하고 즐거움이 없이 의무들을 행하게 되기가 쉽다. 토머스 아퀴나스는 게으름이 "사랑의 기쁨"과 반대되는 것이라고 보았다. 그는 그것을 사랑과 반대되는 것이 아니라 사랑에 수반되어야 하는 기쁨과 반대되는 것으로 보았다. *acedia*는 우리가 좋아하는 일을 행하면서도 행복을 경험하지 못하는 침울한 상태이다. 이것은 우리 존재의 절반은 현재에 존재하지 않기 때문에 진정으로 현재와 조화를 이루지 못한다는 것을 의미한다.

선(禪) 이야기에서, 어떤 사람이 호랑이가 뒤에서 달려드는 것을 보고 도망치다가 낭떠러지에 떨어지면서 넝쿨을 잡고 간신히 매달리게 되었다. 위를 올려다보니 호랑이가 으르렁거리면서 내려다보고 있었고, 아래를 내려다보니 절벽 밑에도 사나운 호랑이가 기다리고 있었다. 더욱이 이 사람이 잡고 있는 넝쿨을 두 마리의 쥐가 갉아 먹고 있었다. 그런데 넝쿨 사이에 커다란 딸기가 있는 것을 보고서 딸기를 따먹으면서 달콤한 맛을 즐겼다.

이 이야기가 약간 과장되었다고 생각된다면, 즉 현재에 정신을 집중해야 할 필요성을 지나치게 과장한 것이라고 생각된다면, 웨일즈의 시인이요 성공회 사제인 R. S. 토머스가 쓴 아름다운 시를 읽어보는 것이 좋을 것이다. 이 시의 제목은 "밝은 들판"(The Bright Field)인데, 이 순간의 실체에 대한 의식, 현재에 사는 것에 대한 의식의 깊은 영적 필요성을 요약하고 있다.

시인은 우리가 제대로 보기만 하면 모든 순간이 모세의 시각-타는 떨기나무, 불은 타고 있지만 소멸하지 않는 떨기나무, 하나님의 구원하시는 현존의 상징인 불타는 떨기나무를 본 것-과 같을 수 있다는 점을 분명히 해 준다. 하나님은 항상 어디에나 계시므로, 우리는 어느 순간이든지 하나님을 의식할 수 있다. 모든 순간은 "무한히 귀한 진주"를 감추고 있다. "보물"은 항상 밭에서 우리가 발굴해 내기를 기다리고 있다. 시인의 말을 들어 보자:

> 나는 잠시 태양이 작은 밭을 비추고 있는 것을 보았지.
> 그리고 나서는 그것을 잊고 내가 하던 일을 계속했지.
> 그러나 그 밭에는 무한히 귀한 진주가 감추어져 있었네.
> 그것을 내 것으로 삼으려면
> 내가 가진 모든 것을 주어야 한다는 것을 깨달았네.
> 인생은 불확실한 미래를 향해
> 서둘러 가는 것이 아니며,
> 기억 속에 있는 과거를 갈망하는 것도 아니라네.
> 그것은 모세처럼 타는 떨기나무의 기적을 향하는 것,
> 밝음을 향하는 것이라네.
> 그 밝음은 과거에는

그대의 젊음처럼 무상한 것처럼 보였지만,
그대를 기다리고 있는 영원이라네.

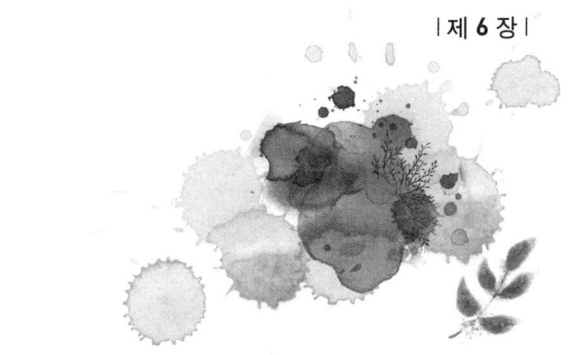

| 제 6 장 |

깨달음에 도움이 되는 방법: 이탈, 기다림, 수용

"기다림 안에 의미가 있다"(R. S. Thomas).

몇 년 전에 노르웨이에 살고 있는 친구를 방문했었다. 어느 날 우리는 노르웨이에서 유명한 야외 박물관에 가서, 중세 시대 교회를 복원해 놓은 것을 보았다. 이 교회의 흥미로운 특징은 교회 삼면의 주위가 외부 현관이라는 사실이었다. 그것은 방문객이나 사회적인 목적을 위한 것이 아니라, 사람들이 교회에 들어올 때에 무기를 놓아두기 위한 것이었다. 사람들은 총과 투석기와 활과 화살 등을 교회 문 밖에 두고 교회에 들어갔다.

이탈

이것은 우리가 참된 내면생활을 육성하며 깨달음의 기도를 귀중한 요소로 삼기 위해서 만들어 내야 하는 삶의 분위기에 대해 논하려는 글을 시작하는 데 사용하기에 그리 나쁜 이미지는 아니다. 깨달음의 기도를 하면서 "잔인한 운명의 투석기와 화살", 또는 "행운의 투석기와 화살"을 손에서 내려놓고 보내는 몇 분 동안의 시간을 생각해 보라. 그 시간은 우리를 방해하는 것들에 대해 무관심하고 그것들로부터 이탈하는 시간이다. 우리가 자기의 문제들을 해결하기 위해서가 아니라 그것들을 제쳐놓기 위해서 이러한 종류의 기도를 하며 아무것도 행하지 않고 무(無)의 상태가 될 때에, 어느 정도 우리 삶의 통일성과 깊이를 회복할 수 있다.

토마스 머튼은 1967년 11월 16일에 어느 베네딕트회 수녀에게 편지하면서, 피정을 어떻게 해야 하는지 가르쳐 달라는 요청에 회답했다. 그는 피정을 매우 조직적으로 행해야 한다고 주장한다. 강제성은 되도록 적어야 하고 "단순히 바른 정신을 되찾는 데 더 많은 시간"을 보내야 한다. 그는 아무것도 하지 않고 무(無)의 상태가 되어야 할 필요성을 강조하였다. 피정을 조직화하기 위해 제시한 다섯 가지 제안 중 네 번째는 다음과 같다:

> 나는 침묵과 독거를 답답하게 여기는 사람들을 위해서도 그것을 제안하고 싶습니다: 자신을 무의 상태로 만들고 얼마 동안 아무것도 하지 않고 지내는 훈련을 하는 것도 어느 정도 가치가 있습니다. 하루에 한 시간 동안 이렇게 시도할 수 있는 사람은 곧 기대했던 것보다 더 많은 유익을 얻을 수 있을 것입니다. 그처럼 "무"의 상태에서는 정원을 걷는 것은 허락되지만 대화, 독서, 공식적인 기도 등은 허락되지 않으며, 분명한 무(無)의 상태만 허락됩니다(Unpublished letter, at the Thomas Merton Studies Center, Louisville, Kentucky).

물론 여기서 머튼은 피정 시간에 대해서 말하고 있지만, 그의 말은 매일 행하는 침묵기도에도 적용될 수 있다. 우리는 "기도할 때에 모든 것에 대해 무관심하고 아무것도 하지 않으면서 잠시 동안이라도 보내야 한다"는 말에 주의를 기울여야 한다. 우리는 "시간을 낭비하는 데" 능숙해질 수 있지만 "시간을 낭비하는 것"과 "아무것도 하지 않는 것"에 대해서는 그렇지 못하다. "시간을 허비하는 것"은 의미 있는 일을 전혀 하지 않는 것이지만, "의미 있는 일을 하지 않는 것"도 일종의 행동이다. 우리는 행동을 멈추는 것이 어렵다는 것을 알지만, 삶에 있어서 그것이 필요하다.

우리가 기도하는 동안은 버려두었던 것이지만, 기도를 마친 후에 다시 집어 들어야 하는 것이 있다. 그러나 우리의 기도가 신실하다면 우리는 기도하면서 어느 정도 인격적인 통일성을 향해 움직일 것이므로, 내적으로 훨씬 더 평온하고 강하게 그것들을 다시 집어들게 될 것이다. 우리의 중심을 발견한 후에는 그 원주(圓柱) 위에 있는 것들을 더 쉽게 대할 수 있다.

기도를 마친 후에 다시 다루어야 할 것들은 직장과 가정에서의 의무들, 가정적인 책임과 사회적인 책임 등이다. 종종 이것들은 우리에게 무거운 짐이 되지만, 피할 수 없다. 우리는 삶의 상황이 우리에게 부과하는 이러한 임무, 즉 생명이 있는 땅에서 하나님의 현존을 인식하는 법을 배워야 한다. 매일 잠시 동안 모든 것을 벗어나서 단지 존재한다는 것은 행복의 근본적인 원리, 비록 우리가 해야 하는 일이 많지만 우리 자신이 누구인지를 확인할 수 있게 해 주는 것은 행동(doing)이 아니라 존재(being)라는 사실을 깨닫는 데 도움이 될 것이다. 만일 모든 일을 행한 사람의 인격적인 정체성을 모른다면, 행동하면서 보낸 삶은 사람들을 파괴할 수도 있다. 훌륭한 행동 자체로는 훌륭한 존재(생존)가 될 수 없다.

"벗어남"이라는 주제와 관련하여 두 명의 수도사를 생각하게 된다. 둘은 함께 길을 가다가 물살이 급한 개울가에 도달했다. 어떤 젊은 여인이 물을 건너지 못하고 어쩔 줄 모르고 서 있었다. 물살이 너무 빨라서 건너갈 수가 없었기 때문이다. 한 수도사가 그 여인을 업고 개울을 건네주었다. 여인은 고맙다는 인사를 하고 떠났다. 두 사람은 한동안 말없이 길을 걷다가 여인을 업고 물을 건네준 수도사에게 다른 수도사가 물었다. "형제는 왜 그 여인을 업었습니까?" 수도사는 그를 바라보면서 "당신은 아직도 그 여인을 업고 있군요. 그렇지 않습니까?"라고 반문했다.

우리를 어쩔 수 없는 책임으로 이끌기 때문에 잠시 동안만 내려놓을 수 있는 일이 있는 반면에, 영구적으로 내려놓는 것이 우리의 건강과 행복에 유익을 줄 일들이 아주 많다. 우리 삶의 여러 분야에서 "내려놓음"이 기도하는 잠깐 동안의 시간에만 있는 순간적인 경험이 되어서는 안 된다. 우리는 지금도 과거로부터 기인한 매우 많은 짐을 지고 다닌다. 우리가 어려서부터 인생의 여정을 걸어오면서 육체적으로나 영적으로 입은 상처들이 있다. 이중 어떤 상처는 우리가 벗어버릴 수 있기 위해서 도움이 필요한 것일 수 있다. 또 어떤 것에 대해서 계속 집착하기도 한다. 그것은 우리 내면에 있는 일종의 정신적인 욕심이거나, 참된 가난이 부족한 것이다. 가난의 반대 개념은 부(富)가 아니라 탐욕이며, 재산이 아니라 소유욕이다. 소유욕이란 갖고자 하는 욕망, 사물에 집착하며 모아들이는 것이다. 가장 파괴적인 형태의 소유욕은 물질에 집착하는 것이 아니라 분명하게 정의 내릴 수 없는 것에 대해 집착하는 것이다. 편견을 내려놓기를 거부하는 소유욕이 있다. 내 시간과 형편만 고집하며, 다른 사람들이 나를 필요로 할 때에 포기하려 하지 않는 소유욕도 있다. 하나님과 기독교 공동체의 형편이 오직 복음의 인도만 의지하여 지금까지 시도된 적이 없고 알려지지 않은 새로운 영역으로 나아갈 것을 요구하지만, 길들여진 옛 방법을 고집하는 소유욕도 있다. 마지막으로 우리가 버려야 할 소유욕 중 죽음의 공포에서 기인되는 생명에 집착하는 소유욕이 있다.

나는 사제가 되기 전 3년 동안 여름에는 뉴욕 주 오와스코 호숫가에 있는 캠프 콜럼부스에서 카운슬러로 일하며 지냈다. 처음 카운슬러가 되었을 때에 나는 수영을 할 줄 몰랐는데, 이것은 약간의 문제가 되었다. 왜냐하면 카운슬러에게는 해안 구조원으로 일해야 할 책임도 있었기 때문이다. 다행히도 내가 수영을 하지 못하는 데 따른 결과로서 익사한 사람은 한 사람도 없었다. 나는 다른 카운슬러에게서 수영하는 법을 배웠다. 어른이 수영을 배우는 것은 어린아이가 배우는 것보다 훨씬 어렵다. 어른은 수영을 배울 때에 수영에 대해서 너무 많은 생각을 한다. 수영하는 데 필요한 모든 것에 대한 생각이 자발적인 행동을 방해하기 때문에 힘들이지 않고 수영하기가 어렵다. 수영을 배울 때에는 "벗어나는" 법을 배워야 한다. 뻣뻣함, 안전에 대한 두려움 등을 버려야 한다. 이러한 것들을 버리고 물에 풍덩 빠져 들어 가야 수영을 배울 수 있을 것이다.

우리 모두는 하나님의 사랑과 자비의 바다에서 헤엄을 친다. 그러나 우리는 그 바다를 알아야 한다. 우리가 집착하는 모든 것을 포기하고 기쁜 마음으로 사랑과 자비에게 자신을 맡겨야만 이런 일이 이루어질 수 있다. 마지막으로 우리는 집착하는 자아를 포기해야 한다. 마침내 자아를 포기할 수 있게 되면, 우리는 무(無)가 된다. 오직 하나님만 존재하고, 우리는 하나님 안에 존재한다.

집착하던 것들을 버리는 일은 결코 쉽지 않으며, 우리가 그 일을 영구히 행했는지 확신할 수도 없다. 우리가 강한 애착이나 중독을 다룰 때에 버렸던 것을 다시 시작하고픈 유혹, 다시 집착하려는 유혹이 항상 우리 주위를 맴돌고 있다. 나는 어머니와 함께 물건을 사러 나왔던 어린 소년을 기억한다. 어머니와 아들은 상점에서 잠시 물건을 구경하고 있었다. 그런데 아들이 "엄마, 화장실에 가고 싶어요"라고 말했다. 어머니는 "서둘러서 집으로 갈 테니까 조금만 참으렴" 하고 말했다. 집으로 오는 도중에 갑자기 아이는 오줌을 싸고 말았다. 엄마는 화를 내면서 "집에 도착할 때까지 참으라고 했잖아!"라고 했다. 아들은 애처롭게 "엄마 말대로 하고 있었어요. 그렇지만 다음에 더 잘 참기 위해서 지금 오줌을 쌌는걸요"라고 말했다.

한 가지 사실을 분명히 해야 한다: "내려놓음"이란 단순히 부정적인 경험이 아니다. 그것은 우리가 거의 통제할 수 없는 것처럼 보이는 고정된 행동 방식의 완고함을 극복하는 건전한 방법이다. 그것은 우리의 삶에 자유로운 정신과 자발성을 가져다 준다. 짐을 너무 많이 실은 비행기는 날 수 없다. 비행기가 잘

날려면 무거운 짐을 내려야 한다. 우리도 비상(飛翔)하기 위해서는, 다시 말해서 하나님 안에서 우리의 참된 자아를 발견하기 위해 피상적인 자아를 초월하여 날아 오르려면 많은 짐들을 내려놓아야 한다. 깨달음을 얻으려면 집착에서 벗어나야 한다. 그러므로 내려놓음은 기독교적 삶에 있어서 수덕적(修德的)인 차원이요, 깨달음은 관상적(觀想的)인 차원이라 할 수 있다. 수덕적인 차원은 관상적인 차원을 위해서 있다. 깨달음을 얻기 위해서는 먼저 내려놓음이 있어야 한다. 내려놓음은 매우 기분 좋은 경험이 될 수 있다. 즉 마침내 내가 무엇의 방해도 받지 않고 자유를 얻었다는 느낌을 가질 수 있다. 그러나 그것이 본질적으로 선하고 놀라운 경험이지만 기독교적 삶의 목적은 아니다. 우리 자신, 하나님, 현실을 깨달아 알기 위해서 우리는 자유롭기를 원한다. 우리는 현실을 있는 그대로 볼 수 있기를 원한다. 존재하는 모든 것의 중심에는 사랑과 평화가 있다. 우리 삶의 통일성은 우리 존재의 중심, 또는 마음속에서 경험된다.

기다림

종종 우리는 깨달음의 기도를 하는 시간보다 깨달음의 기도에 대한 글을 읽는 시간이 더 즐거울 수도 있다는 느낌이 들 때가 있다. 우리가 하나님 안에 있다는 것을 신앙을 통해서 믿는 것과 그렇다는 말을 듣는 것은 전혀 다르다. 하나님의 현존을 경험하는 것은 우리가 감사함으로 받아들여야 하는 선물이지만, 우리가 마음대로 할 수 있는 것이 아니다. 하나님은 선물의 주인이시다. 우리가 오랫동안 침묵기도에 충실하지만 아무것도 경험하지 못하는 것처럼 보일 수도 있다. 우리는 자신이 하나님의 현존 안에 있다는 믿음에 매달린다. 그러나 그 믿음을 경험하려면, 즉 하나님을 경험하려면 기다려야 한다. 우리의 영적인 행복을 위해서 기다림이란 단순히 시간적인 것을 의미하는 것이 아니라는 것을 깨달아야 한다. 기다림 자체에 의미가 있다.

　우리가 살고 있는 급하고 열광적인 문화 속에서는 기다림을 지루한 일에 불과하다고 여긴다. 기다림은 인내를 요구한다. 길에서 사고가 나면 기다려야 한다. 슈퍼마켓에서는 우리와 같은 시간에 물건을 사러 나온 사람들과 함께 줄을 서서 기다려야 한다. 어린아이들은 초등학교 전 과정을 마치고 중학교에 진학하기 위해 기다려야 한다. 대학에 진학하기 위해서도 기다려야 한다. 대학 졸업 후 독립하여 살기 위해서도 기다려야 한다. 우리는 친구가 약속 시간보다 늦으면 불안해 하고 걱정하면서 기다린다. 우리는 일상적으로 살기 위해서 감기 바이러스가 제거되기를 기다린다.

삶의 많은 부분이 기다림이며, 종종 기다림은 좌절을 의미한다. "기다림"은 우리가 참고 견뎌야 하는 것이다.

창조적인 기다림

그러나 다른 종류의 기다림이 있다. 아기가 태어나기를 기다리는 어머니의 기다림이 있는데, 그 기다림은 자기의 몸 안에서 생명이 자라는 데 대한 기쁨이다. 또 머리 속에 감도는 분명하지 않은 사상이 분명하고 설득력 있는 진술로 형성되기를 원하는 작가의 기다림이 있다. 우리는 재미 있는 이야기를 읽으면서 이야기가 전개되기를 기다린다. 또 아들이나 딸, 조카, 친구의 자녀가 장래가 촉망되는 젊은이로 성장하기를 바라는 기다림도 있다. 문제가 지닌 요소들을 파악하고 그것들과 씨름하면서 올바른 답변을 기다리는 것도 있다. 완전한 답변을 얻으려면 기다려야 한다.

이러한 유형의 기다림은 "좌절의 기다림"이 아니라 기분 좋은 기대의 기다림이다. 그것은 단순한 시간의 투입이 아니라 시간을 즐기는 것이다. 그러한 기다림은 한껏 즐겨지는 기다림이다. 기대의 기쁨은 완전한 기쁨과 관계가 있기 때문이다. 여행 계획을 세우는 것도 여행의 기쁨 중 하나이다. 행선지에 도착하는 것은 여행의 기쁨의 하나이다. 대강절에 대한 기쁨도 이러한 기쁨이다. 우리는 주님이 이미 우리 가운데 와 계시다는 인식을 가지고서 주님의 강림을 기다린다. 그러나 우리는 주님의 임재를 완전히 의식하지는 못하기 때문에, 우리의 의식이 실체를 인식할 때까지 기다려야 한다. 그러나 기다림은 장차 임할 신비와 더불어 사는 것이다. 그것은 그 신비가 드러나는 것을 지켜보는 것이다. 그것은 신비의 전개를 가능하게 하는 분위기를 준비하는 것이다. 기다림은 그 신비의 의미 속에 빠져드는 것이다.

웨일즈 출신의 성공회 사제인 R. S. 토마스의 시에 의미를 함축하고 기다림에 대한 이해를 파악하고 있는 시가 있다. 그는 "무릎 꿇음"(Kneeling)이라는 제목의 시에서 자신이 설교하기 직전에 제단 앞에 무릎을 꿇고 있는 모습을 묘사한다. 주위에는 침묵이 흐르고 있다. 하나님의 대변인 역할을 하기 직전에 무릎을 꿇고 있는 설교자는 햇빛에 둘러싸여 있다. 그는 하나님께 무슨 말을 해야 할지 가르쳐 달라고 요청한다. 하나님께서 그를 통해서 말씀하시지만, 그는 무엇인가 상실된 것을 깨닫는다. 사람들은 기다려야 할 것이다. 하나님이 의도하시는 의미가 그들의 마음속에 젖어들려면 시간이 걸릴 것이다. 그 의미는 기다림에서부터 나타날 것이다.

> 여름철, 매우 고요한 순간에
> 석조 건물 안에 있는 나무로 된 제단 앞에
> 무릎을 꿇고 앉아
> 하나님이 말씀하시기를 기다립니다.
> 침묵의 계단 같은 분위기
> 내가 위대한 역할을 행하기나 한 듯
> 햇빛이 나를 둘러싸고 있습니다.
> 청중들은 잠잠합니다.
> 그들도 나처럼 메시지를 기다리고 있습니다.
> 하나님, 내가 무슨 말을 해야 할지
> 가르쳐 주시옵소서.
> 그러나 아직은 아닙니다.
> 내가 말할 때에 당신께서 말씀하시지만
> 나를 통해서 무엇인가 상실됩니다.
> 의미는 기다림 속에 있습니다.
>
> (Selected Poems, 1946-1968, 119)

수용

앞에서 "영적 인종차별"이라고 하는 것, 피조물과 하나님을 분리시킬 수도 있는 방법으로 현실을 보는 것에 대해 경고한 바 있다. 이 영적 불행은 세상 속에서의 삶과 나의 내면생활이 두 개의 분리된 실체인 듯이 그것들을 분리시킬 수도 있다. 이런 일이 발생할 때에, 분리된 내면생활에게만 우선권이 주어지며, 그것과 관련된 느낌이 만들어진다.

기독교인이요 한 인간으로서의 나의 임무는 현실을 충분히 받아들이는 것이다. 이것은 나의 영성이 나의 존재의 한 부분이 아니라 존재 전체를 포함한다는 사실을 받아들이는 것을 의미한다. 그것은 내가 누구인지에 관한 진리, 구체적이고 역사적으로 확실한 진리를 받아들이는 것을 의미한다. 그러므로 내가 누구인지를 받아들이는 것에는 그 구체적인 사실성(史實性)과 관련된 때와 장소 및 모든 상황을 긍정하는 것이 포함된다.

특히 여기에는 나의 우연성, 나의 정체성의 특징을 이루는 바 하나님에 대한 근본적인 의존성, 그리고 이것이 나의 존재와 장차 되어질 존재에 부여되는 제한 등을 수용하는 것이 포함된다. 내가 거의 무제한적인 잠재력을 소유한다고 할 수도 있지만, 그 잠재력을 실현하는 능력에는 한계가 있다. 나에게 모든 것을 성취할 수 있는 능력이 있다고 해서 모든 것을 성취할 수 있는 것은 아니다. 삶에서 하나의 특별한 선택을 하면, 그 선택과 상반된 것들은 선택할 수 없다. 현실을 수용한다는 것은 내가 선택한 것들과 더불어 살 준비가 되었다는 것을 의미한다. 물론 이것은 내가 장차 잘못된 선택을 했다는 것으로 드러날 것을 선택한다면 나는 변하지 않겠다는 의미가 아니다. 동시에 하나의 선택에서부터 자신의 실존의 다른 부분에게로 이동하며 통일된 생활을 하기 어렵다는 의미이다.

은사

역사적으로 확실한 나의 실존의 실체를 받아들인다는 것은 내가 받은 은사들을 실현하기 위해서 그 사실성의 분명한 한계 안에서 인지하고 노력하는 것을 의미한다. 타고난 재능과 영적 은혜는 감사하면서 기쁘게 받아들여야 하는 하나님의 축복이다. 동시에 이들은 종종 인간의 정신을 무겁게 짓누르는 책임을 부여하는 짐이기도 하다. 은사들은 우리가 임의로 어음을 발행할 수 있는 은행 계좌가 아니다. 바꾸어 표현하자면, 그것들은 때로 고통과 고난을 당하더라도 연마되어야 참된 아름다움이 드러날 수 있는 거친 돌이다. 그것들은 우리의 자유 안에 뿌려진 씨앗으로서, 수고해야만 열매를 맺을 수 있다. 큰 은사를 현실화하려면 더 많은 노력이 필요할 것이다.

자신의 은사를 보는 데에는 두 가지 방법이 있다. 우리는 은사가 당연히 우리에게 속한 것으로 간주한다. 이러한 망상 때문에 은사는 교만함과 자화자찬의 원인이 되기 쉽다. 그러나 만일 은사가 우리의 노력으로 얻는 것이 아니라 주어진다는 것을 깨닫는다면, 그것은 참된 겸손의 원인이 될 수 있다. 우리는 자신의 발전을 위해서, 또는 보다 나은 세상을 만드는 데 도움을 주기 위해서 은사를 사용할 수 있다. 또한 나태하게 은사를 사용하지 않고 개발하지 않은 채 내버려둘 수도 있다. 정신과 마음의 은사, 몸과 영의 은사의 진가를 인정하고 그것들을 사심없이 충분히 발달시키기 위해 노력함으로써, 인생에서 어느 정도의 통일성과 완전함을 성취할 수 있다. 우리는 선천적인 재능과 은혜로 주어지는 은사를 활용하는 방법을 통해서 자신의 정체성을 세운다. 달리 표현하자면, 존재의 가장 깊은 차원에 존재하며 여러 가지 은사들 안에 표현된 정체성을 발견한다. 우리가 되어질 수 있는 인격(우리의 심층 존재)은 은사 안에 감추어져 있다.

은사를 받아들이면 분명한 결과가 따른다. 즉 자신의 결점과 그에 대한 자신의 책임을 기꺼이 받아들이게 된다. 은사를 나의 것이라고 생각하는 한 그것을 제거하려는 생각을 하지 못한다. 은사를 의식적으로 소유하는 한, 그것과의 관계를 끊기 위해 노력할 수 없다.

관계

나의 실존의 진실을 받아들인다는 것은 삶이 나에게 가져다주는 관계들을 받아들이며 이러한 관계들도 은사-내가 특정 시간과 장소에 살기 때문에 나에게 임하는 은사-임을 인정하는 것을 의미한다. 나는 고립하여 존재하는 것이 아니라 서로 맞물려 있는 일련의 관계 안에서 존재한다. 이러한 관계도 내가 소유하고 있는 은사와 마찬가지로 한 인간으로서의 나의 존재를 성취하고 발견하는 데 있어서 필요한 역할을 수행한다. 관계들은 삶에 큰 손해를 줄 수도 있고, 삶을 유지하게 해줄 수도 있다. 그것들은 성장을 강화할 수도 있고 방해할 수도 있다. 만일 그것들이 온전한 은사들이라면, 꽃을 피우고 삶을 육성하는 공동체를 건설할 것이다. 나는 고립되어 존재하는 것이 아니지만, 내가 공동체에게 피상적인 것 이상의 공헌을 하려면 나의 삶에는 독거라는 요소가 필요하다. 우리가 살고 있는 급한 문화에서는 쉽게 독거를 갖지 못한다. 독거가 완전히 빠져 나가지 못하게 하려면, 계획적으로 삶 안에 독거를 끼워 넣어야 한다.

독거와 공동체

토마스 머튼은 수도생활 때문에 쉽게 독거할 수 있었지만, 평생 동안 우리가 독거와 공동생활의 균형을 이루면서 직면하는 여러 가지 긴장에 직면했다. 얼마 전에 나는 "토마스 머튼: 교제를 좋아하는 독거자"(*Thomas Merton: The Gregatious Solitary*)라는 글을 썼다. 나는 홀로 생활하는 것을 선택한 사람을 "독거자"라고 표현하고, 사람들과 함께 지내는 것을 매우 좋아하는 사람을 "교제를 좋아하는 사람"으로 묘사하면서, 머튼의 독거생활과 사교성을 임의적으로 연결하려고 노력했다. 나는 그가 독거를 추구했기 때문에 사람들을 찾았다는 점을 설명하고자 했다. 다시 말해서 사람들과의 관계를 향한 그의 욕구는 독거자가 극복하기 위해 노력해야 할 개탄스러운 결점이 아니었다. 오히려 독거는 그와 사람들과의 유대, 사람들을 향한 그의 갈망 및 그들에 대한 의무들을 실현하는 데 도움이 되었다. 그는 자신만을 위한 독거자가 아니라 사람들을 위한 독거자이기도

했다.

깨달음의 기도가 우리의 삶에서 지배적인 힘을 소유하기를 원할 때에 우리가 직면하는 임무의 하나는 우리를 사람들과 연결해 주는 관계들, 그리고 그러한 관계들의 내적 측면을 육성함으로써 참된 공동체 건설에 기여하려 할 때에 필요한 독거 사이의 균형을 발견하는 것이다.

나는 1949년 12월 29일에 토마스 머튼이 쓴 일지에서 그러한 균형을 다루는 데 유익한 통찰을 발견했다. 거기에서 그는 "영적 자기 도취"에 대해 말하면서 자신이 독거를 열렬히 원하는 데에 영적 자기 도취의 요소가 들어있는 것이 아닌지 궁금해 한다. 그리고 나서 "자기 도취적인 독거는 사람들과 함께 살아야 하는 책임의 대체물이다"라고 쓴다. 그 다음에 "그 반대편에는 사람들과의 교제와 소음, 움직임 등을 좋아하며 하나님과 화평하게 사는 데 대한 책임을 피하려 하는 지독한 행동주의가 있다"고 말한다. 참된 내면생활에 전념하는 사람은 이 두 가지 극단적인 태도-자기 도취적인 독거와 지독한 행동주의-를 모두 피해야 한다. 이 두 가지는 움직이는 방향은 다르지만 모두 삶과 현실로부터의 도피이다. 머튼은 삶에서의 관계들을 이해하는 데 중요한 설명을 한다: "우리의 삶 전체는 공동체와 독거

사이의 변증법이다. 두 가지 모두 엄청나게 중요하다. 관상생활은 이 둘의 효과적인 대립 안에 존재한다."

긴장 상태

우리가 참된 공동체에 유익한 것들을 발견하기 위해서는 독거가 필요하다. 그러나 독거와 기도 생활에 전념하는 사람들이라고 해서 항상 공동체-가정, 교구, 신앙 공동체, 국가적인 공동체, 또는 교회에 속한 공동체-를 위한 가장 좋은 것에 의견이 일치하는 것은 아니라는 사실에 대비해야 한다. 예를 들어, 라틴 아메리카의 교회가 독거와 숙고에 의해서 배운 것과 바티칸 관리들이 기도하고 묵상하면서 결론을 지은 것이 일치하지 않을 수 있다. (여기에서 내가 염두에 두고 있는 것은 해방신학에 대한 상이한 견해들이다.) 우리는 교회 공동체의 생활에서 어쩔 수 없이 이러한 문제들과 다른 문제들을 무시하려 한다. 그러나 우리가 서로 대화를 하지 않으며, 더 많은 독거와 숙고를 통해서 일치의 영이신 하나님의 성령으로 하여금 우리를 도와 교회를 구성하고 있는 우리 모두의 인간성 때문에 필연적으로 발생하는 긴장 상태들을 해결하시도록 하지 않는 것은 안타까운 일이다. 앞에서 인용한 머튼의 글에서, 그는 독거와 공동체 사이에서 진행되어야 하는 변증에 대해서 말했지만, 또한 참으로 관상적인 공동체는 그 변증의 특징이 될 "효과적인 대립" 속에서도 계속 존속할 것이라고 말했다. "대립"이란 강력한 단어이다. 나는 우리가 교회의 변증에서는 물론이요 독거와 공동체 사이의 개인적인 변증 속에서도 그것을 느낀다고 확신한다. 중요한 것은 "대립"이 효과적인 것이어야 한다는 점이다.

그러한 대립을 받아들이고 효과적인 것으로 만드는 것은 삶의 상황의 구체성과 사실성 안에 있는 자신의 존재의 진리를 받아들이는 것이 지니는 측면이다.

수용과 거부

모든 대립이 효과적인 것이 아니며, 특정한 역사의 순간에서 나의 구체적인 실존의 일부가 되는 것이라고 해서 모두 받아들일 수 있는 것이 아니다. 참된 것과 실질적인 것을 받아들이려면 거짓된 것과 가공의 것들을 거부해야 한다. 내가 깨달음의 기도를 하려 한다면, 사람들의 품위를 떨어뜨리고 부정하게 조종하며 권위를 박탈하고 무시하여 그들로 하여금 품위 있고 평온하게 살 수 없게 하는 모든 불의를 거부해야 한다. 머튼은 1963년 8월에 일본어 판 「칠층산」의 머리말에서 참된 수용에 수반되어야 하는 거부의 자세에 대해 표현하고 있다. 그는 자기의 수도원이 세상으로부터의 "도피"의 길이 아니라 자신이 택한 삶의 상황-근본적으로 비록 정적이고 비폭력적인 상황-에서 세상의 갈등과 고난에 참여하는 장소라고 말한다. 그는 이렇게 말한다:

> 나의 의도는 평생 인류 전체와 세상을 파괴하겠다고 위협하는 전쟁과 정치적 폭정의 범죄와 불의를 거부하고 저항하려는 것이다. 나는 수도생활과 서원에 의해서 강제수용소, 폭탄 투하, 계획적인 정치적 시련, 부당한 사형선고, 경제적인 횡포, 인종차별, 평화를 지지하는 듯한 말을 하지만 지구의 멸망을 지향하는 듯이 보이는 사회-경제적 기구 등을 거부한다. 나는 수도적 침묵을 정치인들, 선동자들, 정치 운동가들의 거짓말에 대한 항의로 삼는다.

나는 이러한 세속적인 요인들을 모두 거부하지만, 세상과 인간들 안에 있는 선한 것을 모두 인정한다. 나는 자연 안에 있는 모든 아름다운 것들을 인정하며, 이것이 종속을 인정하는 것이 아니라 자유를 인정하는 것이 되게 하기 위해서 세상에 있는 어떤 것도 순수한 나의 것으로 소유하기를 거부한다. 나는 세상에 있는 형제 자매들, 즉 모든 사람들을 인정해야 한다. 그러나 이것이 종속에 대한 동의가 아니라 자유에 대한 동의가 되기 위해서 나는 그들에게 속하지 않으며 그들도 나에게 속하지 않는 생활을 해야 한다.

현실을 받아들이는 것은 깨달음의 기도를 하는 데 도움이 된다. 왜냐하면 깨달음의 기도는 가장 중요한 현실, 실재하는 다른 모든 것 밑에 놓여 있는 현실, 즉 나는 하나님 안에 존재한다-이것은 내가 사랑 안에 있다는 것을 의미한다-는 사실을 받아들이는 것을 의미하기 때문이다. 하나님의 사랑은 나에게 존재 자체를 주었고, 나를 포용하고 지탱해 준다. 하나님께서 우리를 받아주신다는 사실을 받아들일 때에 우리에게는 가장 큰 기쁨이 임한다.

| 제 7 장 |

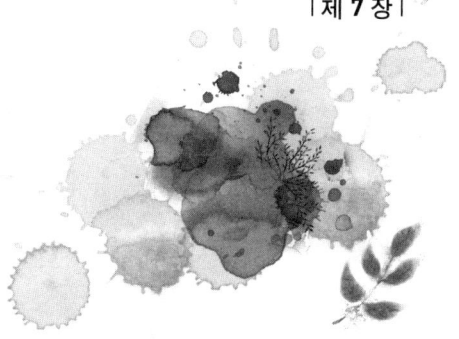

하나님에 대한 말

"삼위일체에 대해서 말하는 사람은 거짓말을 하는 자이다"
 (마이스터 에크하르트).

지금까지 하나님의 현존에 대한 깨달음인 기도에 대해서 이야기해 왔다. 이제는 하나님-우리는 하나님의 현존 안에 거한다-에 대해서 무엇인가를 말하려 한다. 전통적으로 하나님에 대해서 말하는 사람들을 신학자라고 한다. "신학자"라는 말은 "하나님에 대해서 말하는 사람"을 의미한다. 12세기에 스콜라 철학이 시작된 이래로 신학자는 자료-계시에 관한 자료, 교회의 문서들 등-를 숙고하여 하나님 및 하나님과 관련된 것들에 대한 일관성 있는 담화를 구성하려고 노력하는 사람이라고 이해해 왔다.

신학자란 누구인가?

이것은 초대교회 시대(스콜라 철학이 발흥하기 전)에 사람들이 신학자를 이해한 방법이 아니었으며, 또 정교회에서의 이해도 아니라는 점을 지적해야 한다. 초대 시대에 신학자는 성인이었다. 다시 말해서 신학자는 하나님을 경험한 사람, 그러한 경험을 근거로 하나님에 대한 글을 쓴 사람이었다. 교회에는 (하나님을 경험했기 때문에) 성인이지만 그 경험을 분명히 표현하는 재능을 갖지 못한 사람들이 있었다. 따라서 신학자들은 하나님에 대한 자신의 경험뿐만 아니라, 신자들의 공동체 생활에서 진행되고 있는 하나님의 현존에 대한 경험도 표현했다.

신학을 이렇게 이해하는 것은 우리에게 도움이 될 것이다(동방 정교회에서는 지금도 신학을 이렇게 이해하고 있다). 신학자는 하나님의 백성의 공동체 안에서 진행되는 하나님 체험을 분명히 표현하는 사람이 되어야 한다.

신학자의 한계

신학자는 문서로 된 자료를 사용하든지 경험에서 비롯된 자료를 사용하든지 간에, 먼저 자신이 표현하는 것이 결코 그 경험과 동일한 수준에 이르지 못한다는 것을 인정해야 할 것이다. 마가복음 7:31-37에 예수님이 귀먹고 "말 더듬는" 사람을 고쳐 주신 이야기가 있다. "말 더듬다"는 헬라어 *mogilalos*를 번역한 것이다. 복음서의 이야기는 우리 모두에 대한 묘사로 볼 수 있다. 그리스도 안에 계시된 하나님의 신비 앞에서 우리는 모두 말더듬이(*mogilaloi*)가 된다. 이 말은 신학자에 대한 훌륭한 정의, 즉 "신학자는 하나님의 실재 앞에서 말을 더듬는 사람이다"가 될 수 있다. 예수님은 귀먹은 사람의 이러한 육체적인 장애를 고쳐 주셨다. 그러나 우리가 하나님에 대해서 말할 때 직면하는 언어 장애를 고쳐 줄 수 있는 것은 하나님을 직접 보는 것뿐이다.

훌륭한 신학자는 이것을 이해한다. 그는 자신의 말로는 그 경험에 근접할 수도 없다는 것을 안다. 경험을 언어로 표현할 때에 많은 것이 상실된다. 신학적인 단어들과 정의들과 논문들은 마치 우리가 태양을 알게 하기 위해서 성냥불을 가지고 설명하는 것과 같다. 성냥불은 볼 수 있지만 태양을 눈으로 직접 보면 시력을 잃는다. 이것은 우리가 하나님에 대해서 말을 하거나 생각하기를 원할 때 성냥불을 사용하는 것 외에 다른 방법을 선택할 수 없다는 뜻이다.

그러나 우리가 하나님을 체험했을 때, 하나님을 충분히 의식할 때, 태양을 볼 때에는 말할 것이 없기 때문에 말을 더듬지 않을 뿐만 아니라, 성냥도 사용하지 않는다. 태양의 밝음 때문에 눈이 보이지 않으므로 성냥을 볼 수도 없고 보기를 원하지도 않는다. 우리는 볼 수 없기 때문에 분명히 본다. 우리는 말을 소유하지 않고 또 그것을 원하지도 않기 때문에 침묵한다. 그러나 내적인 정신의 눈이 어두워지고 더 이상 하나님을 생각하거나 말하지 않을 때, 내적인 마음의 눈이 열리며 사랑의 포옹 속에서 하나님을 붙잡을 수 있다. 이 책 제2장에서 하나님에 대한 깨달음은 우리의 행동이 아니라 우리의 실존이라고 말한 바 있다. 그것은 하나님에 대해 생각하는 것도 아니다.

우리가 하나님을 의식할 때에 존재한다는 것은 어떤 것인가? 우리의 관상적 전통에 의하면 우리는 하나님을 사랑하는 사람들이기 때문에 관상을 행하는 사람이다. 14세기의 익명의 저서인 「무지의 구름」(*The Cloud of Unknowing*)은 "하나님은 생각에 의해서 붙들 수 있는 것이 아니라 사랑에 의해서 붙들 수 있다"고 말함으로써 이 전통을 지지한다.

신학자의 경험

신학자에게는 (1) 사랑을 통해서 하나님을 아는 마음의 경험, (2) 마음의 경험에 관해 생각하고 숙고하며 불가능한 일, 즉 말로 표현할 수 없는 것을 표현하려 하는 정신의 경험이라는 두 종류의 경험이 있어야 한다. 신학자의 글재주가 아무리 탁월해도, "하나님"에 대해 말할 때에는 무능함과 무력감을 느낀다.

이것은 신학은 우리에게 전혀 가치가 없다는 말이 아니다. 우리는 인간의 마음속 깊은 곳에서 진행되는 것을 분명히 표현한 말에 귀를 기울여야 한다. 그것은 우리 자신의 삶에서 일어날 수도 있는 것을 이해하는 데 도움을 줄 수 있다. 그러나 우선순위를 지켜야 한다. 즉 현재 일어나고 있는 것이 그것에 대한 말보다 더 중요하다는 것이다. 사람의 마음속에서 진행되고 있는 것은 표현되어야 하지만, 정말 중요한 것은 경험이다. 가장 훌

류한 신학자는 말하기 전에 사랑하며 말하는 동안에도 사랑한다. "신학자는 가장 탁월하게 사랑하는 사람이다"라는 훌륭한 광고 스티커가 될 수 있다.

얼마 전에 젊은 부부를 만난 적이 있다. 그들은 나에게 결혼식 주례를 부탁했던 사람들이다. 신부는 나와 절친한 친구의 딸이요 실천적인 가톨릭 신자였다. 신랑은 29세 때에 세례를 받았지만 하나님이 존재하신다는 것을 인정하지 못하고 있었다.

나는 결혼식 전에 신랑과 오랫동안 이야기를 했다. 그는 세련되고 매우 지적인 청년이었다. 나는 그에게 "하나님의 존재에 대한 문제를 가지고 있는 것을 보니 당신에게는 어려움이 있습니다. 만일 하나님께서 당신의 존재에 대한 문제를 가지고 계시다면, 당신은 훨씬 더 큰 어려움을 당할 것입니다"라고 말하고 싶은 유혹을 억제했다. 또 하나님의 존재를 증명하기 위해서 신학교에서 배운 변증학을 사용하지도 않았다.

나는 그가 하나님의 존재를 입증하기 위한 증거에 대해서 말하고 그것들을 받아들일 수 없다고 결정하면서 시간을 낭비하고 있다고 말해 주었다. 누구도 하나님의 존재를 입증하는 증거를 받아들였기 때문에 하나님을 확실히 믿게 되는 것이 아니다. 그러한 증거들은 우리가 믿은 후에는 이해되지만, 믿기 전에는 거의 이해되지 않는다. [나는 이것이 하나님의 존재를 증명하기 위한 토마스 아퀴나스의 다섯 가지 방법의 요점이라고 생각한다. 아퀴나스는 불신자들을 개종시키기 위해서 저술한 것이 아니다. 그의 글은 신자들이 받아들인 신앙의 합리성을 인식하는 데 도움을 주기 위한 것이다.] 나는 그 신랑에게 이렇게 말했다: "비록 사람들이 하나님이라고 부르는 분이 당신의 외부에 있다는 것을 당신에게 납득시킬 수 있다고 해도, 하나님이 존재했다는 당신의 지식은 당신이 받아들이는 다른 진리들과 병행하는 또 하나의 진리에 불과할 것입니다. 그것은 또 하나의 대륙이나 행성이 존재한다는 것을 증명하는 것과 같을 것입니다. 하나님에 대한 진리가 있다 해도, 당신을 초월하면서도 어떻게 해서인지 당신의 내면에 존재하는 것을 경험할 수 있다는 가능성을 받아들이지 않는 한 그 진리는 당신에게 아무런 의미가 없을 것입니다. 그것을 받아들이는 것은 당신이 고수해야 할 또 하나의 진리를 소유하는 것에 그치지 않을 것입니다. 당신이 경험하는 것은 당신에게 도전하고 요구할 것입니다. 그리고 설명할 수 없지만 당신은 자신이 그 도전에 응답하고 그 요구에 부응하고 싶어 하는 것을 발견할 것입니다."

나는 비유적으로 이 젊은 친구에게 이제 결혼하려 하는 여인을 향한 그의 사랑의 존재에 대한 믿음을 깊이 생각해 보라고 제안했다. 그는 그 사랑의 진실성을 확신하고 있었다. 그러나 신랑이 신부가 아닌 다른 사람에게는 아내를 향한 사랑을 입증할 설득력 있는 증거를 제시할 수 없을 것이라고 생각한다. 게다가 신부가 이미 신랑의 사랑의 진실성을 믿고 있기 때문에, 신랑은 그녀에게 그것을 증명할 필요가 없었다. 그녀는 서로의 관계 속에서 이미 그것을 경험했기 때문이다. 그녀는 사랑이 요구하는 것, 그리고 그러한 요구를 충족시키려는 강력한 욕망을 이미 알고 있었다.

나는 신랑에게 말했다. "하나님이 존재하신다는 증거들을 찾는 것에 의해서는 결코 하나님을 발견하지 못할 것입니다. 당신의 외부를 바라보아서는 결코 하나님을 찾지 못할 것입니다. 당신의 내면에서만 하나님을 발견할 것입니다. 당신이 마음속에서 하나님을 경험하고 하나님이 당신의 마음의 통로에 들어오시게 할 때에 당신은 비로소 하나님이 진실로 존재하신다는 것, 그리고 당신이 하나님으로부터 분리되어 있지 않다는 것을 알 수 있을 것입니다."

내 말이 그에게 감명을 주었는지, 또 그렇게 되기를 기대할 권리가 나에게 있는지 알 길이 없다. 다만 나는 그들 두 사람의 행복을 위해서 그가 바른 방법으로 바른 장소를 들여다보기만 하면 그곳에 계시는 하나님께 마음과 정신의 문을 열 수 있을 것이라고 기대할 뿐이다.

이 대화를 통해서 나는 우리가 하나님에 대해 이야기하는 것이 얼마나 필요한 일이며 또 얼마나 어려운 일인지를 깨달았다. 우리는 하나님을 생각하며, 하나님께 기도하며, 하나님을 경모한다. 우리는 하나님의 현존을 의식하기 위해 노력한다. 그러나 하나님에 대해서 말하려 할 때에 우리는 모두 말더듬이가 된다. 하나님을 표현할 적절한 단어가 없다. 거룩한 것에 대한 우리의 경험이 아무리 깊다고 해도 하나님은 항상 신비로 계시며, 우리는 조금이라도 사실과 같이 그의 신비를 표현할 수 없다. 우리는 복음서에 기록된 귀먹은 사람, 말 더듬는 사람과 비슷하다.

복음서 전체를 통독하면서 예수 안에 현존해 계시는 하나님을 집적 경험한 사람들이 그 경험에 대해서 말할 때에 말을 더듬었다는 것을 알면 도움이 된다. 공관복음서 중간 부분에 묘사된 바 베드로가 신앙고백을 하는 장면을 생각해 보라. 마가복음의 이야기가 실제로 일어난 것과 가장 흡사한 듯하다. 거기서 베드로는 "주는 그리스도시니이다"라고 말한다. 이것은 제자들이 행한 큰 신앙의 도약이었다. 그것은 다른 사람들이 예수님에 대해서 말한 것보다 탁월한 것이었다. 그러나 그 후로도 큰 성장이 있어야 했다. 제자들이 표현한 부활의 신앙은 가이사랴 빌립보에서 행한 베드로의 신앙고백을 능가한다. "나의 주님이시요 나의 하나님이시니이다"라는 도마의 말과 비교해 볼 때, 가이사랴 빌립보에서의 베드로의 말은 말을 더듬은 것에 해당된다. 그러나 거룩한 실체와 비교해 보면, 부활절의 놀라운 말들 역시 말더듬에 불과하다.

근본적인 문제

신학적인 언어가 제기하는 근본적인 문제는 하나님에 대한 우리의 지식이 하나님에 대한 인간의 경험에서 비롯된다는 사실이다. 우리가 사용하는 단어들은 경험되어진 거룩한 실체를 표현하지 못하며 인간의 경험만 표현할 수 있다. 이런 까닭에 하나님에 대한 우리의 표현은 상징적이고 비유적일 수밖에 없다. 우리는 하나님에 대해 말할 때에 항상 유추(類推)를 사용한다.

유추

그러므로 잠시 유추(analogy)의 의미를 설명할 필요가 있을 것이다. 「옥스포드 기독교 사전」의 유추에 대한 정의를 살펴보자.

> 두 개의 비슷하지 않은 대상들의 유사성에 의해서, 잘 알고 있는 대상에서 파생된 개념들을 비교적 알려지지 않은 대상에게 적용하는 서술 방법. 그러므로 하나님의 정의는 인간의 경험 안에서 만나는 정의와 완전히 다르지는 않지만 동일하지도 않으므로, 인간의 지성은 "유추에 의해서" 하나님의 정의에 대해 말할 수 있다.

이 정의로 인해 흥분하여 여러분들의 신경 조직 전체가 전율하지는 않을 것이다. 또 두 개의 객체(또는 주체)의 특징적인 것으로 규정한 공통적인 속성을 *analogon*이라 하며, 두 개의 객체(또는 주체)를 *analogates*라 한다고 설명한다고 해서 가슴이 두근거릴 독자들은 없을 것이다. 그러므로 위의 정의에서 말한 "정의"라는 것은 *analogon*이며, 이러한 "정의"를 경험하는 배경이 되는 하나님과 사람들은 *analogates*가 된다. 만일 우리가 *analogon*에게 인격을 부여하려 한다면, 서로 다른 방향을 향하고 있는 두 개의 얼굴을 가진 야누스 같은 인물로 생각해야 할 것이다. 각각의 얼굴이 말을 하려 할 것이다. 하나의 얼굴(긍정의 얼굴)은 "*analogates*들은 유사하다"고 말할 것이며, 나머지 얼굴(부정의 얼굴) 역시 자신을 가지고 "*analogates*들은 닮지 않았다"고 말할 것이다. 두 얼굴 모두 옳을 것이다. 그러나 우리는 두 개의 실체 사이의 유사성을 찾기 위해서 유추를 사용하므로, 부정적인 말을 하는 얼굴보다는 긍정적인 말을 하는 얼굴을 강조하는 경향이 있다. 그러나 두 개의 얼굴 모두가 진리를 말하고 있다는 것을 염두에 두어야 한다. 때때로 모든 유추 안에 실제로 진리가 있다는 것을 망각하지 않기 위해서 부정의 얼굴을 보아야 한다.

예를 들어 어떤 친구가 있다고 가정해 보라. 그녀는 결혼을 하여 자녀가 몇 명이 있고, 가정에 대해 매우 헌신적이다. 그녀는 남편과 아이들을 위해서라면 무슨 일이든지 하려 한다. 사실 그녀의 헌신이 지나치다고 느껴질 정도이다. 당신은 이 여인을 "가족들의 노예 같다"고 말하고 싶을는지도 모른다. 이렇게 말할 때에 당신은 유추를 사용하고 있다. 당신은 이 여인에게 노예 속성이라고 생각되는 것과 비슷한 것이 있다고 말하고 있는 것이다. 노예의 삶은 완전히 주인에게 예속되어 있다. 그의 행동, 시간, 움직임 등 모두가 주인의 통제를 받는다. 이 여인은 완전히 가족들에게 예속되어 있다는 점에서 노예와 비슷한 것처럼 보인다. 이것을 위에서 언급한 전문 용어로 표현해 보면, 버사와 노예는 *analogates*이며, "상대방에게 완전히 속해 있는 것"이 *analogon*이다. 그러므로 *analogon*이 지닌 하나의 얼굴은 "그녀는 노예와 비슷하다"고 말할 것이다. 그러나 그녀와 노예 사이에는 많은 중요한 차이가 있다는 것을 분명히 해야 한다. 노예는 자신의 선택에 의해서 주인에게 예속되는 것이 아니라 자신에게 부과된 불가피성 때문에 주인에게 예속된다. 그러나 그녀가 자신을 가족들에게 완전히 헌신하는 것은 그녀 스스로 내린 결정이다. 그녀로 하여금 남편과 자녀들에게 자신을 바치게 만든 것은 불가피성이 아니라 사랑과 이타적인 헌신이다. 이런 까닭에 *analogon*이 지닌 부정의 얼굴은 "그녀는 노예와 같지 않다"고 해야 할 것이다.

유추가 지닌 부정적인 면

앞에서 언급했듯이, 우리는 닮은 점들을 찾아내기 위해서 유추를 사용하므로 *analogon*의 긍정적인 측면에만 주목하려는 경향이 있다. 이런 까닭에, 하나님에 대한 우리의 경험을 말할 때에 유추가 도움이 되기는커녕 판단을 그르치는 것을 막기 위해서, 이따금 *analogon*의 부정적인 측면("그 경험들은 비슷하지 않다"고 말하는 측면)에 관심을 기울여야 한다.

유추가 지닌 부정의 측면을 가장 잘 파악한 사람은 14세기의 위대한 신비가인 마이스터 에크하르트이다. 그는 어느 설교에서 사람들이 "하나님은 지혜로우시다"라고 말하는 것을 비난한다. 그는 "여러분은 하나님이 지혜롭다고 말하는데, 하나님은 지혜롭지 않습니다. 내가 하나님보다 더 지혜롭습니다"라고 말한다. 그가 분명히 어리둥절했을 회중에게 말하려 한 것은 우리가 알고 있는 지혜는 다른 인간들 안에게 보는 지혜일 뿐이라는 것이었다. 물론 어떤 사람들에게는 심오한 지혜가 있을 수 있지만, 그것도 하나님의 지혜와는 아주 거리가 멀기 때문에 지혜라고 말할 수도 없다. 에크하르트가 하나님에 대해서 말하는 특별한 방법에는 참신하고 설명적인 것이 있다. 그것은 우리로 하여금 유추의 부정적 측면을 상기하게 할 뿐만 아니라, 유추를 사용하여 하나님에 대해서 말할 때에는 "유사성"을 "더 많이" 보강해야 한다는 사실도 강조한다. 이것은 우리가 피조물에게서 발견되는 속성을 하나님에게 적용할 때에는 항상 "그러나 하나님 안에는 그것이 무한히 더 많다. 하나님 안에는 그것이 엄청난 분량으로 존재한다고 말해야 한다"고 덧붙여야 한다는 의미이다. "유사성"을 더 많이 보강하는 것은 "유사하지 않다"고 말해야 하는 것의 효력을 약간 완화한다.

긍정의 길

"비슷한 것"(유추의 긍정적인 측면)과 "비슷하지 않은 것"(부정적인 측면)은 하나님에 대해 말하는 두 가지 상이한 신학적 방법을 만들어낸다. 그 중 하나를 긍정의 길(*kataphatic way*)이라고 한다. 헬라어로 *kataphasis*라는 단어는 "긍정"을 의미하므로, 하나님에 대해서 말하는 긍정의 길은 유추가 지닌 "닮은" 측면, 밝은 측면을 말하는 것이다. 다시 말해서 긍정의 길은 빛의 길이다. 우리는 피조물에게서 발견하는 모든 완전한 것들을 하나님에 대해 적용하고 긍정함으로써 하나님에 대해 말한다. 우리는 선과 정의와 사랑의 경험을 가지고 있으며, "하나님은 이것과 비슷하다. 하나님은 가능한 최고도로 이것과 비슷하다"고 말한다. 부성애, 모성애, 진실함, 기쁨 등 우리가 피조물로서 경험하는 것들은 피조 세계를 통해서 하나님의 실재를 들여다볼 수 있는 창문 역할을 한다. 그러므로 우리의 인간적인 경험들은 하나님에 대해 말하는 데 도움을 준다. 그러나 긍정의 길은 하나님에 대해서만 말해줄 수 있을 뿐 하나님의 가장 심오한 실체, 즉 하나님의 생명에는 이를 수 없다. 아무리 깊은 경험이라도 피조된 상징은 결코 하나님의 실체를 적절히 반영할 수 없기 때문이다.

부정의 길

그렇기 때문에 하나님에 대해서 말하는 또 다른 방법, 즉 침묵과 어둠의 길이 있다. 이것을 부정의 길(*apophatie way*)이라고 부른다. 이 용어는 부정 또는 부인을 의미하는 헬라어 *apophasis*에서 파생된 것이다. 이것은 유추의 비슷하지 않은 측면, 어두운 측면이다. 하나님에 대해 말하려고 노력하다 보면, 상징이지 개념이나 단어로는 충분히 표현하지 못할 때가 온다. 그것들이 신적 자아에 대한 심오한 지식에 장애물로 여겨지는 때가 온다. 에크하르트는 자칭 신학자들에게 "절대 하나님을 발견하지 않기 위해서 하나님을 찾으라"는 유익하면서도 신비한 충고를 한다. 만일 우리가 말과 생각과 정의(定義) 안에서 하나님을 발견했다고 생각한다면, 우리가 파악하고 있는 것은 하나님이 아니라 우리가 항상 추구해야 하지만 결코 완전히 파악할 수 없는 신비에 대한 우리 자신의 더듬거리는 말일 것이다. 그러므로 만일 우리가 하나님의 실재의 신비에 들어가기를 원한다면, (개념이라는 장갑을 벗고) 맨손으로 어둠 속으로 들어가야 한다. 정신의 등불을 끄고 미지의 안으로 들어가야 한다. 부정의 길을 취해야 한다. 토마스 머튼은 부정의 방법에 대해서 다음과 같이 썼다:

> 그것은 가장 근본적인 믿음의 자료, 종종 망각되는 자료에 관심을 갖는다: 말씀으로 자신을 계시하신 하나님은 그의 무한한 본질 안에서 자신을 미지의 것으로 계시하셨다. 그러므로 그분은 인간의 시각을 초월하신다. "네가 내 얼굴을 보지 못하리니 나를 보고 살 자가 없음이니라"(출 33:20).
>
> (*Contemplation in a World of Action*, 185)

머튼은 하나님께 대한 긍정적 접근방식의 가치를 결코 과소평가하지 않았다: 우리는 피조 세계의 경험이 열어주는 창을 통해서 하나님께 접근해야 한다. 그러면서도 그는 이 방법은 결코 궁극적인 방법이 될 수 없다고 생각했다. 그것이 부정의 방법에게 자리를 내어\주어야 할 때가 온다.

> 기독교 관상자는 연구에 의해서 하나님 개념에 대한 신학적 이해를 계발해야 하지만, 그는 주로 개념을 초월하는 경험의 말 없는 어둠과 부정의 빛을 뚫고 들어가야 한다. … 제한된 인간의 개념들을 가지고 하나님을 파악하려는 시도를 포기한 관상자의 복종과 믿음의 행위는 모든 인간적 경험의 근저인 하나님의 현존에 이르며, 존재 자체의 근저인 하나님의 실재에 이른다.

부정의 길은 어둠의 길임에도 불구하고, 여기에서 머튼이 "부정의 빛"에 대해 언급하는 데 주목해야 한다. 신비 전통에는 "눈부신 어둠", "어두운 빛"과 같이 외관상 역설적인 표현이 풍부하다. 그 이유는 부정의 방법을 통해서 획득되는 참된 지식이 있기 때문이다. 문제는 이 지식이 단어로 분명히 표현되고 서술문으로 형성되는 지식이 아니라는 것이다. "알지 못함을 통한 앎"에 대해 말하는 것은 말을 초월하는 것을 표현하기 위해서 말을 사용하려고 노력할 때에 경험하는 좌절을 암시하는 방법에 불과하다.

부정의 길의 근원성에 대해 말하는 것은 신학적인 말에 대한 온건한 실망을 만들어내기 위한 것이 아니라, 경고를 위한 것이다. 따라서, 하나님에 대한 나의 말은 하나님의 실재와 거리가 멀 것이라는 태도를 취하는 것은 분명히 잘못된 것이 될 것이다. 오히려 그 반대이다. 내가 진정한 통찰과 지각을 가지고 하나님의 신비에 접근하는 데 도움을 줄 수 있는 것이 과거에 많이 말해졌고, 현재도 말해지고 있다. 그러나 하나님은 여전히 탁월한 신비로 머무신다. 신비란 우리가 풀어야 하는 문제가 아니다. 그것은 헤아릴 수 없는 분에 대한 보다 심오한 통찰로의 초대이다.

하나님의 이름

우리가 하나님의 현존 의식을 깊게 하려고 노력할 때에 긍정의 방법을 사용하는 것, 그리고 하나님에 대한 우리의 경험을 표현하기 위해서 우리의 인간적인 경험에서 취한 이미지와 상징을 사용하는 방법을 고찰해 보는 것이 유익할 것이다. 그렇게 하는 한 가지 방법은 우리가 하나님을 지칭하기 위해 사용하는 이름들, 특히 성경에서 발견되는 이름들에 대해 고찰해 보는 것이다.

몇 년 전에 나는 「알라의 99가지 이름」(*The Ninety-Nine Names of Allah*)이라는 수피(이슬람 신비주의)의 책에 매료되었었다. 수피 전통에서 신은 이슬람 백성에게 99개의 이름을 주었지만 가장 위대한 이름은 이슬람교의 성전인 코란에 감추어져 있다. 신이 그 이름을 코란에 감춘 이유는 백성들이 그 이름을 찾아내기 위해서 코란 전체를 읽게 하기 위해서였다. 나는 신의 99가지 이름에 대해 다룬 이 책을 읽으면서 한층 더 야심적인 일을 행하고픈 갈망에 사로잡혔다. 나는 하루에 하나씩 1년 동안 365개의 하나님의 이름을 찾기 위해서 기독교의 성경을 통독하려는 생각을 했다. 그리하여 성경을 읽기 시작했지만 1주일 동안 7개의 이름밖에 찾아 못했다. 아직도 358개를 더 찾아야 한다. 그러나 그러한 책의 주제에 대해 생각하는 것은 대단히 유익한 경험이었다. 그런 책은 결코 저술되지 않을 것이므로, 내가 시험적으로 그것을 계획하면서 생각했던 것 몇 가지를 이야기하고자 한다.

내가 우선적으로 행한 것은 용어 사전을 사용하여 성경 전체를 살펴보면서 하나님의 이름이 얼마나 자주 등장하는지 알아내는 것이었다. 아마 하나님의 이름이 등장하는 가장 중요한 구절은 출애굽기 3장일 것이다. 거기서 애굽에 있는 백성들에게 전할 수 있도록 이름을 말해 달라는 모세의 요청에 응답하신다.

> 하나님이 모세에게 이르시되 나는 스스로 있는 자이니라 또 이르시되…하나님이 또 모세에게 이르시되 너는 이스라엘 자손에게 이같이 이르기를 너희 조상의 하나님 여호와 곧 아브라함의 하나님, 이삭의 하나님, 야곱의 하나님께서 나를 너희에게 보내셨다 하라 이는 나의 영원한 이름이요 대대로 기억할 나의 표호니라.

나는 이 중요한 구절에서부터 시작하여 성경 전체에 흩어져 있는 하나님의 이름에 대한 많은 언급을 찾아냈다. 그러나 특히 중요한 언급은 하나님의 이름을 찬양하는 책이라고 묘사할 수 있는 시편에서 발견된다.

> 여호와 우리 주여 주의 이름이 온 땅에 어찌 그리 아름다운지요(시 8:1).

> 여호와여 주의 이름을 아는 자는 주를 의지하오리니 이

는 주를 찾는 자들을 버리지 아니하심이니이다(시 9:10).

너희 권능 있는 자들아 영광과 능력을 여호와께 돌리고 돌릴지어다 여호와께 그의 이름에 합당한 영광을 돌리며 거룩한 옷을 입고 여호와께 예배할지어다(시 29:1-2).

하나님이여 주의 이름으로 나를 구원하시고 주의 힘으로 나를 변호하소서(시 54:1).

이에 뭇 나라가 여호와의 이름을 경외하며 이 땅의 모든 왕들이 주의 영광을 경외하리니(시 102:15)

우리의 도움은 천지를 지으신 여호와의 이름에 있도다 (시 124:8).

여호와를 찬송하라 여호와는 선하시며 그의 이름이 아름다우니 그의 이름을 찬양하라(시 135:3).

여호와의 이름은 견고한 망대라 의인은 그리로 달려가

서 안전함을 얻느니라(잠 18:10).

여호와여 주께서 심판하시는 길에서 우리가 주를 기다렸사오며 주의 이름을 위하여 또 주를 기억하려고 우리 영혼이 사모하나이다(사 26:8).

이것들은 성경에서 발견되는 바 하나님의 이름에 대한 많은 언급 중 일부만 예를 든 것이다. 이제 나는 우리가 하나님에 대해 이야기하려 할 때에 사용하는 몇 가지 특수한 이름-우리 자신의 경험에서 이끌어낸 은유적이고 상징적인 용어-에 대해 고찰하려 한다. 혹 어떤 사람은 이러한 은유와 상징이 우리 하나님-하나님의 고유 명사는 자음으로만 전해 내려오기 때문에 발음할 수가 없고 원래의 의미가 상실되었기 때문에 그 의미를 알 수 없다-에 대해 무엇인가를 말하기 위해서 네 개의 자음(YHWH)에 추가하는 많은 모음들과 같다고 말하려 할 것이다.

우리는 하나님에 대해 긍정적으로 말하기 위해서 어떤 종류의 상징을 사용하는가? 나는 하나님의 365개의 이름을 기록하는 것을 포기한 책의 원고를 보면서, "우리의 이름들"이라고 부르려 하는 것과 "나의 이름들"을 구분했음에 주목하게 된다.

"우리의 이름들"은 공동체의 이름들, 역사 안에서 하나님의 구원하시는 임재를 경험하는 민족의 삶에서 나온 이름들이다. 그것들은 그 민족의 소중한 유산을 형성한다. 그것들은 하나의 신앙 공동체의 공동 재산이기 때문에, 원래의 경험에 동참하지는 않았지만 공동체의 삶에 동참하는 사람들도 사용할 수 있을 것이다. 그러나 한 공동체의 역사가 급격하게 변화될 때에, 이것은 과거의 상황에서 사용된 상징들이 현저하게 상이한 새로운 상황에서 의미를 전달하지 못한다는 것을 의미한다.

나는 "나의 이름들"이라는 용어를 사용하면서 하나님의 현존에 대한 개인의 실존적 경험-개인의 반응을 일으키는 경험-에서 하나님에게 이름을 붙이는 방법에 대해 말한다. (여기서 "나의"라는 용어는 이 책의 저자를 지칭하는 것이 아니라 신앙 공동체와는 구분되는 개인을 지칭한다.) 대부분의 경우, 이 이름들은 즉결을 요하는 하나님과의 만남을 표현한다.

하나님에 대한 "우리의 이름들"은 자신의 역사 안에서 하나님의 현존을 의식했으며, 그 역사로부터 성경을 만들어 낸 민족에 의해 사용된 이름들이다. 하나님에 대한 "나의 이름들"은 성경 및 성경이 제공하는 도전을 근거로 하여 자신의 삶을 형성하는 사람들에게 주시는 하나님의 선물이다. 우리의 이름들은 하나님의 정체성을 밝히는 방법이며, 나의 이름들은 우리 자신을 하나님과 동일시하는 방법이다. 우리는 반드시 성경에 몰두하지 않고서도 단순히 성경을 읽음으로써 우리의 이름들을 알 수 있다. 그러나 나의 이름들은 단순히 성경을 읽음으로써 아는 것이 아니라 성경에서 발견해야 한다. 그 이름에 대한 경험을 할 때만 하나님에 대한 나의 이름을 발견하게 된다. 달리 표현하자면 우리의 이름들이 지금은 명사이지만, 과거에는(그것들이 지칭하는 실질적인 경험이 발생했을 때) 동사였다. 이것은 그것들이 지금 여기 나의 삶에서의 하나님의 활동에 대해서 말한다는 뜻이다. 삶에서 하나님의 활동(동사로서의 하나님의 역사하심)을 경험한 후, 우리는 그 경험을 명사로 분명히 표현할 수 있다.

예를 들어 보면, 시편 56:8에는 우리를 향한 하나님의 사랑의 배려가 무척 크기 때문에 하나님은 우리가 흘리는 눈물을 병에 담으신다고 주장하는 이상한 표현이 있다:

> 나의 유리함을 주께서 계수하셨사오니,
> 나의 눈물을 주의 병에 담으소서.
> 이것이 주의 책에 기록되지 아니하였나이까?

이 구절을 읽는 사람은 그 시적인 아름다움에 감탄할 것이다. 그러나 하나님의 큰 사랑과 보살핌을 받고 있다는 것을 경험하는 사람만이 그 경험에 의해 감동을 받을 수 있으며, 그 경험을 하나님을 지칭하는 명사-내 눈물을 병에 담으시는 분-로 바꿀 수 있다. 시편 9편에서는 다음과 같이 말한다:

여호와여 주의 이름을 아는 자는 주를 의지하오리니
이는 주를 찾는 자들을 버리지 아니하심이니이다.

그러나 하나님의 보호하심과 사랑을 아는 사람만이 이 구절을 하나님을 지칭하는 이름-찾는 자를 결코 버리지 아니하시는 분-으로 바꿀 수 있다.

하나님의 이름은 많다. 그것들을 발견하려면 성경을 읽기만 하면 된다: 하나님은 우리의 구주요, 구속자요, 구원자이시다. 하나님은 우리의 힘이요, 반석이요, 방패요, 요새요, 산성이요, 도우시는 분이요, 피난처요, 원수를 갚아주시는 분이다. 하나님은 왕이요, 통치자요, 만군의 주이시다. 하나님은 아버지요, 어머니요, 연인이요, 남편이다. 하나님은 친구이다. 하나님은 목자요, 보호자요, 후견인이요, 고아들의 아버지요, 과부들을 변호하시는 분이다. 하나님은 건축자요, 포도원의 일꾼이시다. 하나님은 거룩한 분이시요, 모든 사람을 재판하시는 분이다.

이것들은 우리가 성경을 읽고 그 말에 귀를 기울이기만 하면 발견할 수 있는 이름들이다. 그리고 개개인이 성경을 읽고 [여기 지금] 성경을 통해 말씀하시며 우리의 응답을 요구하시는 하나님께 응답할 때에 하나님께 바칠 수 있는 이름, 결코 열거되어서는 안 될 이름들이 있다.

지금까지 하나님에 대해 이야기하기 위해서 사용할 수 있는 다양한 긍정적 용어에 대해 이야기해 왔다. 우리가 하나님께 드린 이름들—우리 자신의 인간적인 경험에서 생겨난 이름들—을 고찰해 보면, 그것들이 모두 관계를 나타내는 것임을 알 수 있다. 우리는 우리의 근원이요 우리를 지탱해 주시는 분, 우리를 돌보시며 모든 것을 공급해 주시는 분인 하나님과 관계한다. 이 모든 것은 우리를 사랑하시는 하나님, 머튼의 말을 빌리자면 "감추어진 사랑의 근저"이신 하나님에 대해 이야기하고 있음을 말하는 것이다.

우리는 하나님을 "사랑" 또는 "감추어진 사랑의 근저"라고 부를 때에 하나의 인간적인 경험을 이용한다: 우리 모두는 사랑하고 사랑받기를 기대한다. 그러나 사랑은 모든 인간적인 신비

중에서 가장 심오한 것이다. 우리는 그것을 경험할 수 있지만, 자신이 경험하고 있는 것이 어떤 것인지 묘사할 수 없다. 우리는 그것에 대해 말할 수 있으며, 시인들은 열정적으로 사랑에 대해 말해 왔다. 그러나 우리의 언어는 결코 사랑의 본질이 무엇인지를 말해 주지 못한다.

사랑: 긍정의 길과 부정의 길을 연결하는 다리

그러므로 사랑은 하나님에 대해서 말하는 두 가지 방법을 이어주는 다리가 된다. 우리는 사랑에 대해 말하려고 노력하며 우리 마음이 하는 말에 귀를 기울여야 할 때에 궁극적으로 어둠 속에 있기 때문에, 언뜻 보면 하나님에 대해 말하는 긍정적인 방법인 것처럼 보이는 사랑은 우리를 부정의 길로 인도한다. 부정의 길은 하나님에 대해 추론하려는 정신과 작별하고, 온 세상이 포함할 수 없는 하나님을 포함할 수 있는 마음을 의지한다. 머튼은 영적 일지에 "마음만이 하나님을 알 수 있다"고 썼다. 하나님의 비밀-하나님이신 분의 비밀-을 감당할 만큼 튼튼한 곳은 마음뿐이다.

하나님이 우리를 사랑하신다는 것은 우리가 자기 자신 및 우리의 말에 귀를 기울일 모든 사람에게 계속 이야기해야 할 놀라운 진리이다. 이것은 성경, 특히 신약성경에 스며 있는 진리이다. 이 책 3장과 4장에서 간단히 이것을 다루었는데, 이제 보다 상세히 다루려 한다. 이 접근방식은 요한1서 4:8의 "하나님은 사랑이심이라"는 말씀에 요약되어 있다. 하나님에 대한 이 관념은 우리가 드리는 기도, 사람들에게 제공하는 영적 지도, 강단에서 하는 설교 등 모든 것에 있어서 핵심이 되어야 한다. 나는 이 구절이 신약성경의 근본적인 단언이라고 생각한다. 이것은 해석학적으로 결정적인 것이라고 생각되는 본문이다. 이는 그 구절이 성경에 있는 다른 모든 것을 이해하는 열쇠가 되는 본문이라는 뜻이다. 나는 이 구절을 결정적인 본문으로 선택한 데 대한 지원을 누가복음 15장에서 발견한다. 누가복음 15장에 기록된 세 가지 비유(잃은 양을 찾은 목자, 잃어버린 돈을 찾고 기뻐하는 여인, 탕자와 아버지)는 누가복음의 중심 메시지를 전달한다. 또 고린도전서 13장에는 사랑을 기독교인의 삶의 핵심으로 표현한 바울의 시가 있다. 바울은 그것을 아주 단순하게 "사랑이 없으면 내가 아무것도 아니요"라고 표현한다.

물론, 하나님을 "사랑"이라고 말한다고 해서 하나님의 신비가 해결되는 것이 아니다. 그것은 다른 신비를 가지고서 하나님의 신비에 접촉하는 것이다. 사랑 자체도 하나님만큼이나 이해할 수 없는 것이기 때문이다. 그러나 우리는 삶에서 사랑의 경험을 가지고 있다. 이러한 경험은 하나님이 누구신지를 보다 분명히 이해하는 데 도움을 줄 수 있다.

우리는 이 진리를 복음의 중심으로 강조해야 한다. 왜냐하면 많은 사람들이 우리의 하나님을 도덕적 제재를 가하시는 하나님으로 여기는 경향이 있기 때문이다. 하나님은 상과 벌을 주시는 하나님으로 간주되며, 마치 그것이 하나님이 존재하시는 유일한 이유인 듯이 여겨진다. 많은 사람들이 어느 정도 가지고 있는 이러한 하나님에 대한 그릇되고 잘못된 개념에 의하면, 하나님은 내가 선할 때에는 은혜로우시지만 내가 잘못할 때에는 무자비하게 벌을 주시는 분이다. 이것은 하나님에 대한 교부들의 전형적인 견해이다. 그 하나님은 죄에 깊이 빠진 사람들을 보시고 사람 지으신 것을 후회하시며, 인간을 멸하기로 결심하시는 노아의 하나님이다. 그분은 이스라엘 백성이 자기에게 불평을 했기 때문에 그들에게 뱀을 보내어 물게 하신 광야의 하나님이다. 그분은 왕이 제국의 인구조사를 했다는 이유로 한 민족의 10분의 1을 죽인 다윗의 하나님이다. 그분은 죄로 인해 야기된 자신의 의로운 분노를 달래기 위해서 자기 아들에게서 마지막 피 한 방울까지 거두어 가신 하나님이다. 이처럼 관대함과 맹렬한 분노 사이를 오가는 기분을 소유하신 하나님—아직도 많은 신자들에게 지극히 친숙한 하나님—은 참하나님을 희화화한 것이다. 이런 하나님은 존재하지 않는다. 예수 그리스도께서 우리에게 계시하시는 분은 이런 하나님이 아니다. 이런 하나님은 예수께서 아바 아버지라고 부르셨던 하나님이 아니다.

감옥에 갇힌 세례 요한

복음서에 기록된 참담한 장면 중의 하나는 세례 요한이 헤롯의 감옥에 갇힌 것이다(눅 7:18-23). 요한은 연약하고 고독하고 우울했으며, 장래에 대한 희망을 가질 능력도 거의 상실한 것처럼 보인다. 그러나 요한에게 중요한 것은 그 자신의 미래가 아니었다(그는 자신의 미래가 어떠할지 충분히 예상할 수 있었다. 헤롯의 감옥에서 살아 나오는 사람은 많지 않았다). 그가 염려한 것은 자신이 시작한 선교의 장래였다. 그는 오실 그분을 위한 길을 예비하는 데 헌신했었다. 예수께서 등장하셨을 때, 요한은 예수가 오실 그분이라고 확신했다. 그러나 이제 불쌍하게 감옥에 갇힌 그는 그렇게 확신하지 못했다. 왜냐하면 예수님은 메시아처럼 행동하지 않고 계셨기 때문이다. 예수님은 메시아가 할 것이라고 생각되는 말을 하지 않으셨다. 요한은 그의 삶 전체를 의문 부호로 만들 수도 있는 괴로운 가능성에 직면했다: 그는 잘못된 후보를 선택한 것인가?

표준적인 예언과 예수님의 선포

요한은 자신의 존재 이유에 대해 질문해야 했다. 그는 이스라엘 선지자들의 계보를 따라 백성들에게 회개를 촉구했었다. 그는 모든 선지자들처럼 "회개하라. 그렇지 않으면…"이라고 전파했었다. "회개하라. 그렇지 않으면 하나님의 진노가 임할 것이다." 이것이 표준적인 예언의 가르침이었다. 요한도 그렇게 말해야 했고, 또 그는 예수께서도 이렇게 말씀하실 것이라고 기대했다.

예수께서 이렇게 말씀하시지 않는 것이 요한에게는 문제가 되었다. 예수님은 백성들에게 회개하고 생활 방식을 고치라고 말씀하셨는데, 이 점에 있어서는 예언자들의 음성과 일치했다. 그러나 예수께서는 "회개하라. 그렇지 않으면…"이라고 하지 않고 "회개하라. 그리하면…"이라고 아주 다른 말씀을 하셨다.

예수님은 "회개하라. 그렇지 않으면 하나님이 너를 벌하실 것이다"라고 말씀하신 것이 아니다. 그분의 메시지는 아주 다른 것이었다: "회개하라. 그리하면 언제나 너에게 베풀어진 하나님의 사랑과 자비를 볼 수 있을 것이다."

이것은 단순히 선포에서의 강조점의 차이가 아니었다. 그것은 하나님에 대해 완전히 다른 것을 말하는 선포였다. 예언자들의 메시지는 하나님의 사랑이 조건적인 사랑이라는 것이었다. 만일 당신이 바르게 행동하면, 하나님은 당신을 사랑하실 것이다. 이 조건은 항상 존재하기 때문에, 또 사람들은 종종 아주 연약하기 때문에 예언자들은 하나님을 진노하시는 하나님으로 묘사하게 된다. 또 그 메시지에 비추어 볼 때에 하나님을 향한 인간의 기본자세는 두려움이 될 것이다. 내 자신의 죄악됨과 연약함을 의식할 때, 조건적인 사랑을 베푸시는 하나님은 나를 두렵게 한다.

요한은 어두운 감방에서 예수님의 선포에 대한 말을 충분히 들었기 때문에 예수님이 전혀 다른 말을 하고 계시다는 것을 알았다. 예수님은 그 이전의 선지자는 감히 하지 못한 말을 하셨다. 그분은 하나님의 사랑이 무조건적이라고 말씀하셨다. 예수님의 선포에는 "만일 네가 …하면 하나님이 너를 사랑하실 것이다"라는 말이 들어설 여지가 없었다. 예수님의 선포는 "하나님은 너를 사랑하신다"라는 것으로서 매우 단순했다. 이것이 요한이 곰곰이 생각한 문제였다. 아마 요한은 예수님이 선포하시는 것은 너무나 훌륭한 내용이기 때문에 참일 수가 없다고 생각했을 수도 있다. 아니면 그의 정신은 하나님에 대한 전통적인 신앙에 사로잡혀 있었기 때문에 예수님이 가져오신 좋은 소식을 믿을 수 없었을는지도 모른다.

예수께서 어떻게 요한의 자유를 자극하여 생각을 바꾸게 하셨는지에 주목하라. 예수님은 명령에 의해서 요한의 생각을 바꾸려 하신 것이 아니다. 흔히 권세자들은 무엇인가를 받아들이라는 명령을 반복함으로써 사람들의 생각을 바꾸게 할 수 있다고 생각한다. 그러나 그것은 불가능한 일이다. 사람이 생각하는 방식은 명령함으로써 바꾸어지는 그러한 것이 아니다. 예수님은 요한에게 "여보시오. 내가 말하는 것을 믿어야 합니다"라고 말씀하시지 않는다.

예수님은 단순히 요한에게 사실을 직시하라고 말씀하셨다. 하나님께서 사람들 가운데서 나를 통해 행하시는 것을 바라보라. 당신의 경험과 당신이 아는 사람들의 경험을 참작하라. 하나님께서 소경을 보게 하신 것, 귀머거리를 고쳐주신 것, 절름

발이에게 튼튼한 사지를 주신 것을 보라. 그러나 이 모든 것보다 더 중요한 것은 좋은 소식(복음)이 하나님의 사랑의 특별한 대상들-가난한 사람들-에게 선포되고 있다는 것이다. "하나님은 진노가 아니라 사랑이라"는 것이 복음이다.

예수님이 요한에게 말씀하시는 것은 다음과 같다: "당신은 평생 동안 특별한 방법으로 하나님에 대해 생각하도록 양육되어 왔습니다. 나는 당신의 생각을 바꾸라고 말하고 있습니다. 사람들이 실제로 하나님에 대해 경험하고 있는 것을 바라봄으로써 그 일을 하라고 권합니다. 그렇게 하면, 그 경험에 비추어 당신의 마음은 자유로이 하나님에 대해 달리 생각할 수 있을 것입니다. 달리 표현하자면, 하나님에 대한 진리가 당신을 자유롭게 하도록 하십시오. 그 진리가 새로운 것처럼 보이기 때문에 당신에게 걸림돌이 되지 않게 하십시오."

예수님이 주시는 메시지에 대해 요한은 어떻게 반응했는가? 그는 복음을 받아들이고 평화롭게 순교자의 죽음을 맞이했는가? 이 이야기는 복음서에서 우리를 괴롭히는 많은 미해결의 이야기 중 하나이므로, 우리는 이에 대해 알지 못한다. 그 이야기는 단순히 요한의 이야기가 아니라 우리들의 이야기이기 때문에 미완성으로 남겨졌을 수도 있다. 우리도 요한처럼 세상에서 하나님이 행하시는 것을 경험할 준비를 갖추어야 한다. 우리는 무조건적인 사랑이신 하나님을 받아들일 준비를 해야 한다. 이렇게 준비를 갖춘 후, 우리는 인생을 살기 위해서 선택해야 하는 방법과 관련하여 이것이 무엇을 의미하는지를 물어야 한다.

하나님에 대해서 예수님의 선포와 일치하지 않는 생각을 가지고 있지만 성실하게 예수님을 따르는 사람들이 그 생각을 제거하려면 도움이 필요하다. 그들로 하여금 하나님을 감추어진 사랑의 근저라고 말하는 것의 의미를 이해하게 해주어야 한다. 머튼은 「축제의 계절」(Seasons of Celebration)이라는 책에서 많은 사람들이 하나님을 사랑한다고 고백하면서도 그 사랑에 보답하는지의 여부를 확신하지 못하는 듯이 보인다는 사실을 안타까워했다. 그의 말에 의하면, 사람들은 종종 하나님을 "악을 범할 때 벌주시고 보복하시는 무서운 아버지"로 여긴다. 이것은 거짓된 하나님이다. 이것은 예수 그리스도의 아버지가 아니다.

구약성경에는 성난 하나님을 제시하는 것처럼 보이는 난해한 구절들이 있다. 그러나 우리는 하나님에 대한 성경의 계시는 점진적인 것이며 예수 그리스도 안에서만 완성된다는 것을 기억해야 한다. 구약성경은 하나님께서 인간을 자기의 형상으로 지으셨다고 말하지만, 종종 하나님을 인간의 형상으로 만드는 듯하다. 사람들이 종종 자신의 관념을 하나님께 투입했다는 것을 인식할 때에 하나님에 대한 구약성경에서의 많은 문제들이 없어진다. 우리는 구약성경의 신인동형동성론을 바로잡고, 하나님에 대한 부분적이고 점진적인 계시를 예수를 통해서 완성해야 한다.

이렇게 할 때에 우리는 성경 전체가 우리를 받아들이시는 하나님에 대한 이야기임을 발견하게 된다. 우리에게 죄가 없거나 자격이 있기 때문이 아니고, 하나님은 하나님-하나님이 만드신 모든 것 안에 감추어진 사랑의 근저-이시기 때문에 우리를 받아주신다. 칼 바르트는 하나님은 [그렇기 때문에](therefore) 자연스러운 것을 가지고 우리를 대하시는 것이 아니라, [그럼에도 불구하고](nevertheless) 기적적인 것을 가지고 우리를 다루신다고 말했다. 이 말은 "우리에게 자격이 없다. [그렇기 때문에] 하나님이 우리를 거부하신다"는 것이 아니라, "우리는 자격이 없다. [그럼에도 불구하고] 하나님이 우리를 받아주신다"는 것이다.

토마스 머튼도 같은 말을 한다. 그는 사람들이 복수하시는 하나님 앞에서 꽁무니를 빼려는 경향 안에서 자격이 있다고 느끼려는 욕구가 실제로 자격이 없다는 불안한 감정과 연결되어 있음을 본다. 우리는 자기 자신 안에서 하나님을 감동시켜 우리를 사랑하시게 만들 수 있는 선한 것을 찾는다. 그것을 발견하지 못할 때에, 우리는 "우리 안에서 선을 보아야 하지만 악 외에 다른 것을 발견하지 못하므로 보복을 강조하는 만족을 모르는 힘"으로 여김으로써 두려워한다. 머튼의 말에 의하면, 그러한 태도는 우리에게 하나님에 대한 참경험을 소유하지 못하게 한다. 그는 다음과 같이 지적한다:

> 참된 종교 체험의 핵심이 되는 것은 우리가 스스로를 아무리 미워해도 하나님은 우리를 미워하시지 않는다는 압도적인 깨달음이다. 이러한 깨달음은 인간의 사랑과 하나님의 사랑 간의 차이를 이해하는 데 도움이 된다. 우리의 사랑은 욕구이지만, 하나님의 사랑은 선물이다. 우리가 자신을 사랑하려면 자신에게서 선한 것을 보아야 한다. 그러나 하나님은 그렇지 않다. 하나님은 우리가 선하기 때문에 우리를 사랑하시는 것이 아니라 하나님이시기 때문에 우리를 사랑하신다(*New Man*, 96).

머튼은 1966년 3월 8일에 서신으로 왕래했던 어느 영국 여인에게 편지를 썼다: "당신은 자신이 하나님을 사랑한다고 생각하지 않는다고 말하는데, 아마 그것이 사실일 것입니다. 그러나 중요한 것은 하나님이 당신을 사랑하신다는 것이 아닐까요? 우리가 자신의 사랑을 의지해야 한다면, 우리는 어떻게 되겠습니까?"

머튼은 또 이렇게 썼다: "기독교적 사랑의 근원은 사랑하려는 의지가 아니라, 자신이 사랑 받고 있다는 믿음입니다. 하나님의 사랑을 받고 있다는 믿음, 자격이 없음에도 불구하고 하나님의 사랑을 받고 있다는 믿음입니다."

머튼은 *Seasons of Celebration*에서 "가혹한 것과 벌하려는 것은 사랑의 뜻이 아니며 또 그럴 수도 없다"고 했다. 우리 하나님은 복수하시는 하나님이 아니시다. 하나님은 "고요한 자비의 바다와 같다. 하나님 안에는 성냄이 없다. …하나님은 가혹하지 않다. 하나님이 노하신다는 말, 하나님이 우리에게 상처를 입히고 벌을 주신다는 말은 신학적으로 정확한 말이 아니다"(p. 120).

몇 년 전에 나는 로체스터의 어느 교구에서 강연을 했다. 주제가 무엇이었는지는 기억이 나지 않는다. 그런데 오랜 후에 나는 그 강연에 참석했던 부인을 만났다. 그녀는 자신이 그날 저녁에 나이가 많은 부인과 함께 교회를 나섰다고 말했다. 그 나이 많은 부인은 "신부님의 강연은 나에게 매우 중요했습니다. 나는 평생 처음으로 내가 구원을 받을 수 있다고 느낍니다"라고 말했다. 나는 처음에는 내가 무슨 말을 했는지 기억하기를 원했다. 그러면서도 아마 매우 선한 신자로 살고 있을 이 부인이 결국 그녀의 모든 일이 옳게 될 것이라고 한 번도 믿지 못한 것은 매우 슬픈 일이라고 생각했다.

「도마복음」(Gospel of Thomas)에서 예수께서는 "내 가까이에 있는 사람은 불(Fire) 가까이에 있다"고 말씀하셨다고 한다. 그 불은 하나님의 사랑, 우리를 정화하는 불이다. 우리에게서 불과 맞지 않는 모든 것을 깨끗이 제거하면 우리는 그 불과 구분될 수 없게 되고, 그 불 안에서 자신의 정체성을 발견하며, 자신의 정체성을 발견함으로써 불 자체를 알게 된다.

우리가 먼저 자기의 내면을 바라보기만 하면, 그 불을 발견할 것이다. 마이스터 에크하르트의 말을 바꾸어 표현해 보면 이렇게 말할 수 있을 것이다. "만일 자신의 외면을 바라본다면 결코 하나님을 발견하지 못할 것이다. 그러나 만일 내면을 바라본다면 하나님을 발견할 것이다. 당신은 그곳에 계실 뿐만 아니라 모든 곳에 계시는 하나님을 발견할 것이다." "내가 생명이 있는 땅에서 여호와 앞에 행하리로다." "내가 당신 앞에서 삶의 기쁨을 경험하기를 기도합니다."

| 제 8 장 |

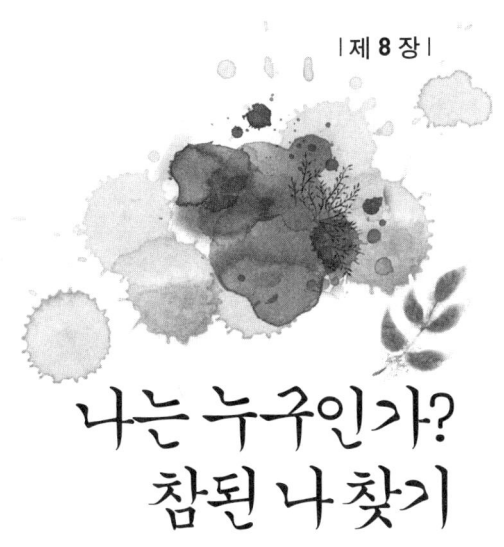

나는 누구인가?
참된 나 찾기

"감추어진 사랑의 근저 안에 있는 모든 것과 하나가 되는
  행복"(토마스 머튼).

몇 년 전에 어느 영국 여인이 토마스 머튼 및 그의 저서에의
관심에 대해 나와 서신을 주고받으면서 자기와 아주 가까웠던
여동생이 죽었기 때문에 슬프고 우울하다고 했다. 나는 여러 번
편지를 보내면서 그녀를 돕고 위로하려 했다. 이 책의 도입부로

서 그 편지들 중 일부를 인용하고자 한다.

나는 당신이 여동생의 죽음으로 인한 감정을 조금 더 통제할 수 있게 되기를 바랍니다. 이 일이 얼마나 어려운 일인지 잘 압니다. 어떤 의미에서 죽음은 우리를 사랑하는 사람들에게서 분리시키지만, 보다 궁극적인 의미에서 죽음은 영적인 결합을 깊게 해 준다는 사실을 생각해 보십시오. 한 가지만 존재할 때에, 그것이 가장 중요한 것이 됩니다. 물론 실제로 그것은 항상 가장 중요한 것이 되어야 합니다. 우리들이 가치가 있다고 여기는 것이 무엇이든지 그것은 모두가 하나님으로부터 오는 것이며, 하나님 안에 있기 때문에 우리는 서로 하나입니다. 우리는 경험적인 자아로써 어떤 사람을 생각하는 데 익숙해져 있기 때문에 죽음이 그 사실을 변화시키는 것처럼 보이지만, 실제로 죽음은 그것을 변화시키지도 않으며 또 변화시킬 수도 없습니다. 죽음은 경험적 자아의 종착점이지만, 그 사람의 종착점은 아닙니다. 하나님의 사랑 안에서 우리 모두는 영원히 하나입니다.

나는 사랑하는 사람의 죽음에 대해 이렇게 구체적인 이야기로부터 시작하여, 그 죽음의 의미에 대해 몇 가지를 생각해 보고자 한다. 왜냐하면 이 장에서는 자기 정체성이라는 문제를 다루고자 하기 때문이다. 이 책은 깨달음의 기도에 대한 책이다. 지금까지 우리가 알고 있는 하나님에 대해서 다루었으므로, 이제는 하나님을 아는 주체인 "나"에 대해 몇 가지 이야기하고자 한다. 나의 기도에 대한 궁극적인 응답은 하나님의 현존에 대한 완전한 깨달음이다: "나로 하여금 당신의 현존 안에서 삶의 기쁨을 경험하게 하여 주소서." 그러나 거룩한 현존 안에서 이 기쁨을 원하며, 결국 그 기쁨을 누리는 "나"는 누구인가? 말 없는 기도란 분리된 주체인 내가 분리된 객체인 하나님을 알게 되는 것이라고 생각하는 것은 잘못이라고 앞에서 강조한 바 있다. 나는 하나님과 분리되지 않았다는 사실을 분명하게 설명하려고 여러 모로 노력했었다. 하나님과 나는 둘이 아니라 하나이다. 하나님을 떠난 나는 아무것도 아니다. 또 내가 앞에서 인용한 편지 내용과 같이 "우리에게 정말로 가치 있는 것은 하나님으로부터 오며 하나님 안에 있다."

이 말이 다소 범신론처럼 보인다거나 하나님과 내가 하나라고 주장하는 것처럼 보이는 것이 아닌지 의심이 든다면, 나는 당당하게 "물론, 그렇다"라고 대답할 것이다. 그 이유는 내가 범신론을 믿거나 내가 하나님이라고 생각하기 때문이 아니라, 비이원론적으로만 이해될 수 있는 실체를 이원론적인 용어로 표현하려는 것이기 때문이다. 여기에서 지금까지 적어도 두 번 언급했던 본문, 머튼이 스미스 대학 학생들에게 한 말을 다시 인용할 수 있다. 그가 학생들에게 말한 것의 요지는 다음과 같다: (1) 깨달음은 행복으로 들어가는 문을 열어준다. (2) 그 이유는 깨달음은 삶이 우리에게 강요하는 것처럼 보이는 이원적인 것을 초월하게 하기 때문이며, 또 "모든 것 하나라는 의식"을 주기 때문이다. (3) 그러나 행복을 만드는 모든 것과의 하나 됨은 범신론적이거나 비인격적인 혼합이 아니다. 그것은 감추어진 근저 안에 기초를 두고 있는데, 그 근저는 "사랑의 근저"이므로 인격적인 것이다. "하나 됨"의 경험으로부터 나오는 이 행복은 내가 하나님을 발견할 때에 발견되는 것이다. 왜냐하면 적어도 기독교적인 상황에서 사랑의 감추어진 근저는 하나님이기 때문이다. 내가 진실로 하나님을 경험할 때, 나의 주관성은 하나님의 주관성과 하나가 된다. 나는 분리가 아니라 하나 됨을 경험하는데, 이 하나님과의 하나 됨 안에서 나 자신과의 하나 됨과 형제 자매 및 존재하는 모든 것과의 하나 됨을 경험한다.

사랑과 긍휼을 요구하며 창조적인 에너지와 아낌없이 내어줌을 만드는 이 하나 됨이 참된 인간의 행복이 된다. 그것은 완전한 깨달음에서 경험되는 자기 정체성이 원래 지니고 있던 축복을 회복함이다.

머튼은 1954년 10월 16일에 마크 밴 도렌(Mark Van Doren)에게 편지하면서 *The New Man*이라는 책에 대해 말한다. 그 내용을 요약해 보면 다음과 같다:

> 그것은 대부분의 사람들이 처해서 살고 있는 비실존적인 무감각으로부터 깨어나는 것, 그리고 하나님 안에서 자신의 참 정체성을 발견하는 것에 대한 책입니다. …하나님에 대한 우리의 지식은 이제 하나의 "대상"에 대한 지식이 아닙니다. (누가 감히 그러한 일을 행할 수 있겠습니까? 그러나 종교인들은 그러한 행동을 합니다. 마치 세상이 여기에는 하나의 의자를, 저기에는 하나의 집, 또 다른 곳에는 산을, 그리고 다른 곳에는 하나님을 포함하고 있는 것처럼 말입니다. 만물의 정체성이 이름을 갖지 않으시는 분 안에 감추어져 있지 않은 것처럼 말입니다.) (*The Road to Joy* [New York: Farrar Atraus & Gieroux, 1989], 26).

여기에서 당신은 다음과 같이 말할 수도 있다: "나에게 한 가지 문제가 있다. 이 말은 모두 꽤 훌륭하게 들린다. 나는 그 말을 진실로 믿고 싶다. 그런데 이상한 것은 인생에서 종종 그것이 반드시 진실이어야 하는 것처럼 보일 때가 있다는 것이다. 그러나 일반적으로 그것은 나의 평범한 경험과 일치하는 것처럼 보이지 않는다. 나는 하나 됨보다는 분리됨 안에서 사물을 강하게 의식하는 것 같다. 게다가 나는 '이름을 갖지 않으시는 분 안에 감추어진 나의 정체성'은 말할 것도 없고, 내 자신의 정체성에 대한 실제적인 경험을 했다고 확신할 수 없다. 나는 간절히 내 자신의 정체성을 알고 싶다. 더욱이 설명할 수는 없지만 정체성을 찾아야 한다는 느낌을 강하게 느낀다. 결국 종교와 신앙은 바로 정체성과 관련되어 있다는 느낌을 강하게 느끼지만, 아직 나에게는 이러한 일이 일어나지 않았다."

원복

많은 사람들이 원래의 축복을 구체화하는 통찰을 포함한 이 문제에 대하여 "아멘"이라고 응답할 수 있을 것이다. 왜냐하면 그것이 그들의 경험을 반영하는 거울이기 때문이다. 실제로 그것은 많은 종교가 공유하고 있는 바 지금 모든 사람들이 추구하는 행복이란 실제로는 원래 주어진 것이지만, 잃어버린 것이라는 직관을 구체적으로 표현한다. 인류에게 원래 주어진 축복은 자기 인식, 또는 자신의 정체성에 대한 경험이라는 선물이다. 선불교(禪佛敎)에서는 이것을 "전생의 본 모습"에 대한 경험이라고 한다.

우주의 춤으로서의 원복

토마스 머튼은 「새 명상의 씨」(*New Seeds of Contemplation*) 마지막 장에서 이 원복을 "우주의 춤"이라고 감동적인 표현을 했다. "우주의 춤"은 무엇을 의미하는가? 그것은 머튼이 스미스 대학에 보낸 편지에서 쓴 것-모든 것과 하나 됨-을 달리 표현한 것이다. "우주의 춤"은 하나님이 만드셨으며 창조주와 완전히 일치하여 운행되는 우주를 말한다. 이처럼 하나님과의 조화로운 하나 됨이 하나님께서 창조 때에 사람들에게 주신 원래의 축복이었다. 하나님은 사람들을 하나님 자신의 형상으로 지으셨으며, 그렇기 때문에 그들은 이성의 빛을 통해서 다른 모든 피조물을 알며 그것들에게 이름을 줄 수 있었다(창세기 2장에 실제로 이름을 부여하는 내용이 기록되어 있다). 그러나 그것이 전부가 아니었다. 하나님은 그들에게 이름과 형태를 초월하는 보다 고등한 빛, 하나님이 지으신 인간들이 피조물이라는 매체를 통하지 않고 하나님 자신의 단순성 안에서 하나님을 만날 수 있게 해 주는 빛을 주셨다. 머튼은 "사랑 안에서 단순한 인간 영의 빛과 하나님의 단순한 빛의 연합이 관상이다"라고 했다. 머튼의 주장에 의하면, 본래의 축복은 관상이었다. 그는 계속해서 다음과 같이 말한다:

두 개의 단순성은 하나이다. 그것들은 하나의 비움을 형성하는데, 그 안에서는 아무것도 추가되지 않으며 오히려 이름, 형태, 내용, 주제, 정체성 등이 제거된다. [다시 말해서 그것들은 우리가 자신의 존재를 소유하는 근저로부터 우리를 분리하기 때문에 참으로 일체가 되지 못하는 정체성들을 제거한다.] 이 만남 안에서는 존재들의 융합이 이루어지는 것이 아니라 존재들이 사라진다.

머튼은 창세기 첫 부분과 연결하여 다음과 같이 말한다:

성경은 이것을 아주 단순하게 말한다: "그들이 그 날 바람이 불 때 동산에 거니시는 여호와 하나님의 소리를 듣고"…하나님과 그 지으신 인간들은 서늘한 바람의 비움 안에서 단어나 음절이나 형태로 말하지 않고 함께 있었다. 이것이 창조, 낙원의 의미였다.

이원성을 알지 못하고 오직 단순한 하나 됨, 즉 하나님이 평온하고 조화롭게 인간들과 동행하시는 것은 산문(散文)이 아니라 시(詩)이다. 다시 말해서 그것은 춤이다. 춤이란 모든 이원성과 다양성을 초월하여 완전히 일치하고 조화롭게 움직이는 것이 아니고 무엇이겠는가? 그 춤에는 많은 움직임이 있는 것이 아니라, 오직 하나의 움직임이 있을 뿐이다. 춤추는 사람은 자신을 망각한다. 그들은 춤에 몰두하며, 분리된 자아를 완전히 비운다. 이러한 무(無)의 상태에서 춤의 움직임이 진행된다.

하나님은 우리를 자유로운 존재로 지으셨다. 우리에게는 선택권이 있다. 우리는 춤에 몰입하기를 거부하는 자아가 될 수도 있다. 이것은 망상이 실체에게 투사하는 이원성을 초월하려 하지 않는 것을 의미한다. 또는 자신과 모든 실체 및 그 거룩한 원천(the divine Source)과의 분리가 아니라, 하나 됨을 의식하는 자아가 될 수도 있다. 우리가 이 참된 자아-그것은 하나님 안에만 존재하기 때문에 비워짐(空)이다-를 의식할 때, 진실로 우리는 그 춤에 속한다. 머튼의 표현을 빌리면 "만일 우리가 생각할 때에 망상을 포기할 수 있다면, 하나님의 부르심을 듣고 그분의 신비한 우주의 춤 안에서 그분을 따라갈 수 있을 것이다"라고 할 수 있다.

그 춤의 메아리를 붙잡기 위해서 멀리 갈 필요가 없다. 별이 빛나는 밤에 홀로 있을 때, 가을에 먹을 것을 얻고 쉬기 위해 로뎀 나무 숲에 내려오는 철새들을 볼 때, 정말로 천진난만한 어린아이들을 볼 때, 진심으로 사랑을 알 때, 또는 일본인 시인 바쇼처럼 늙은 개구리 한 마리가 물로 뛰어드는 소리를 들을 때, 이럴 때에 깨어남, 모든 가치관의 전도, "새로움", 스스로 분명히 나타나는 통찰의 순수함과 공허함(空) 등은 우주의 춤을 어렴풋이나마 알게 해준다(*New Seeds*, 296-97).

원죄

대부분의 위대한 종교에는 "태초에" 원래의 축복(原福: 이는 낙원의 실존, 우주의 춤, 또는 관상적 하나 됨의 원초적 경험 등이라고 한다)이 있었다는 직관이 있으며, 지금도 우리는 깊이 감지된 직관-이것이 사물이 겉으로 드러나 보이는 방법이 아니라는 인식-이 메아리치는 것을 들을 수 있다. 우주의 춤에 참여하는 것은 우리가 일상적으로 경험하는 것이 아니다. 원래의 축복은 상실되었고, 그 자리를 원죄가 차지했다. 원죄는 "나는 마땅히 되어야 할 존재가 아니다", 또는 "겉으로 드러나 보이는 것은 내가 아니다"라는 직관을 구체화한다. 따라서 낙원(원래의 축복을 누리는 장소)의 신화는 타락(원죄의 경험)의 신화에게 굴복했다. 창조의 조화는 없어진 듯하며, 기억에만 남아있다. "타락"이란 우리가 우주의 춤으로부터 소외되고, 자신의 정체성에 대한 의식을 잃어버리고, 관상의 상태에서 벗어나 있는 자신을 체험한다는 쉽게 설명할 수 없는 것에 대한 명사이다. 우리는 원죄로서의 타락에 대해서 말할 때, 유추적으로 "죄"라는 용어를 사용한다. 그것은 특별히 어떤 사람에게 책임을 전가하려 하지 않고서, 하나님과 창조로부터의 소외라는 실존적인 현실을 나타낸다.

이 소외가 어떻게 왔는지 설명하는 데에 어려움이 있을 수 있지만, 그것이 존재한다는 것을 경험하는 데에는 어려움이 없다. 우리를 하나님으로부터, 그리고 우리 자신의 참자아와 하나님의 선하신 창조로부터 분리하는 심연이 있는 듯하다.

거짓 자아의 등장

우리가 실제로 경험하는 것과 마땅히 경험해야 하는 것처럼 보이는 것이 그처럼 다른 이유는 무엇인가? 간단하게 말하자면, 우리가 원래의 축복 대신에 원죄를 경험하는 이유는 무엇인가? 만일 우리가 이야기 속에서 범인을 찾는다면, 그 역할은 거짓 자아가 수행할 것이다. 이 시점에서, 머튼이 사용하고 있는 이 용어는 다소 모호하고 이해하기 어려운 것임을 알아야 한다. 나는 오랫동안 이 용어와 씨름해왔지만, 그것이 의미하는 바에 대한 나의 견해를 밝히려니 조심스럽다. 그것은 쉽게 잘못 해석될 수 있는 용어이다. 따라서 그것을 도덕적인 의미로 해석하는 실수를 범하기 쉬운데, 그런 경우에 "거짓 자아"를 신실하지 못하고 죄악되고 부도덕한 존재로 생각하려 할 것이다. 물론 그 용어가 그것을 의미할 수도 있고, 실제로 그러한 의미를 나타낸다. 그러나 그런 의미는 이차적인 것이며, 머튼이 사용한 주된 의미를 파악하지 못한다. 머튼은 거짓 자아에 대해 말할 때에 주로 존재론적으로 생각한다. 이것은 "거짓된"이라는 형용사가 실체가 없음, 존재의 완전함이 결여됨 등의 개념을 전달한다는 의미이다. 혹 어떤 사람은 "거짓 자아"는 결함이 있는 존재, 특히 영속적이지 않은 의미에서 결함이 있는 것이라고 말할 것이다. 그것은 죽음을 면할 수 없다. 구어체로 표현하자면, 그것은 무가치하다.

"거짓 자아"는 머튼이 "거짓된"을 대신하여 사용하곤 한 형용사, 예를 들면 표면적인, 피상적인, 경험적인, 외적인, 우연한, 사적인, 망상적인, 가상적인, 연기 같은, 연약한, 사소한 등에 대해 고찰함으로써 뒷받침하는 존재론적인 의미를 지닌다. 이 형용사들은 모두 우리가 현실의 아주 제한된 차원에서만 진정한 자아를 다룬다고 주장한다. 거짓 자아는 우리를 현실의 표면에 머물게 한다. 그것의 두려움과 즐거움은 모두 피상적이다. 그것은 시간과 공간의 제한을 받으며, 시간과 공간에 한정된다. 그것은 우리가 수행하는 역할과 행하는 활동-이것들은 죽음과 더불어 정지된다-에 의해서 기록하는 전기요, 역사이다. 그렇기 때문에 머튼은 그것을 "덧없는 자아", 또는 굴뚝 위로 사라질 "연기 같은 자아"라고 한다. 이 자아의 행복이 유지되려면 업적, 사람들의 칭찬과 인정 등이 끊임없이 공급되어야 한다. 머튼의 표현을 빌리자면 그것은 이기적 자아, 객체로서의 자아이다:

> 생물학적인 일에 분주한 자아, 우리가 규제하고 조정하고 온갖 종류의 자극제와 진정제를 공급하면서 계속 부드럽게 가동하여 즐거움과 근심을 주는 물건을 판매하는 사람들이 규정한 형태에 맞추려고 노력하는 기계(*Faith and Violence*, 112).

구원: 죽음과 부활

우리를 참자아로부터 소외시키는 이 경험적인 자아를 초월하며, 피상적인 즐거움과 두려움만 누리는 단순히 경험적인 개성의 차원을 초월하여 존재하는 참되고 실재적인 자아를 회복하려면 어떻게 해야 하는가? 기독교의 대답은 죽음과 부활이 있어야 한다는 것이다. 다시 머튼의 말을 인용해 보자:

참자아가 되려면 거짓 자아는 죽어야 한다. 내적 자아가 드러나려면 외적 자아는 사라지거나 부차적인 것, 또는 중요치 않은 것이 되어야 한다.

참기독교는 성령의 삶 안에서의 성장, 새 생명의 깊어짐, 그리고 계속되는 부활이다. 이런 상태에서 이기적 자아의 외적이고 피상적인 생활은 낡은 뱀껍질처럼 간주되며, 성령의 신비하고 보이지 않는 자아가 더 현존하고 더 활동하게 된다.

(*Love and Living*, 199)

이 성장에는 계속되는 변화가 포함되며, 이 변화에 의해서 우리는 이기심으로부터 해방되고 사랑 안에서 성장하여 사랑이 된다. 스미스 대학의 본문을 인용하자면 우리가 경험할 수 있을 뿐 설명할 수 없는 것, "사랑의 감추어진 근저 안에 있는 모든 것과 하나가 된다." 우리는 이기심에 대해서는 죽고 사랑 안에서 살아난다.

우리가 궁극적으로 경험적 자아를 초월하며 영원히 자신의 참자아를 발견할 때에 사용되는 이 축복은 어떻게 성취되는가? 아마 머튼은 이 완성이 죽음 안에서나 관상 안에서 발생한다고 말할 것이다. 이는 그것이 종말론적인 경험, 또는 나의 의식을 변화시키는 철저한 기도 경험이라는 말이다.

대부분의 사람들의 경우 죽을 때에 참자아가 완전히 깨어난다. 죽음은 영혼과 몸의 분리가 아니라 거짓 자아가 사라지고 참자아가 출현하는 것이라고 이해되어야 한다. 죽음을 하나의 수난, 즉 사람에게 발생하는 것이 아니라 하나의 행동, 즉 사람이 행하는 것으로 간주할 때, 죽음은 인간이 가장 완전하게 자유한 순간이다. 그 순간에 시간과 공간의 제한에서 해방된 사람은 과거에 그를 사로잡았던 망상들을 벗어버릴 수 있으며, 이제까지 경험하지 않았던 비움(空: emptiness) 안에서 자신의 참된 정체성을 확인할 수 있게 된다. 사람은 죽어 하나님에게로 간다. 그는 죽음 안에서 항상 참이었던 것, 즉 자신이 하나님 안에 있다는 것을 발견한다. 죽음은 지극히 세심한 깨달음 안에서 감추어진 사랑의 근저 안에 존재하는 것이다. 이것이 영원한 행복이다. 즉 원래의 축복으로 돌아가는 것이다.

종말론적인 깨달음이 지닌 이러한 측면에서는, 관상의 경험 안에서만 자신의 참자아를 알 수 있다. 관상은 가장 고귀한 형태의 "영성 생활"이다. 그것은 우리가 완전히 비워지고(즉 모든 분리됨을 완전히 벗어버리고), 동시에 완전히 충만해지는 것(존재하는 모든 것 및 만물의 근원이요 근저이신 분과 하나가 되는 것)을 의미한다.

관상 안에서 존재(Being) 안에 있는 우리 존재의 무한히 본원적인 창조성이 획득되며, 그것은 우리 주위 세상에서 행동과 창조성의 근원이 된다(*Faith and Violence*, 115).

그러므로 하나님이 "다른 모든 대상들"보다 선호되어야 하는 하나의 "대상"인 듯, 관상을 모든 것을 배제하고 오직 하나님과 관계해야 하는 것이라 생각하는 것은 참으로 어리석다. 머튼은 *A Vow of Conversation*에서 다음과 같이 생각한다:

하나님을 정신적인 대상이라고 생각하며, "하나님만 사랑하는 것"을 다른 모든 대상을 배제하고 하나님에게만 집중하는 것이라고 생각하는 사람들은 말할 수 없이 혼동하고 있다. 그것은 치명적이다. 그럼에도 그것은 많은 사람들이 관상의 의미를 오해하는 이유이다…(p. 142).

관상 안에, 또는 죽을 때에 참자아를 발견하는 것은 이원성의 경험의 끝이다. 그것은 이원적인 언어의 종료 이상의 것이다. 이 시점에서 이 장 첫 부분에서 내가 인정했던 것, 즉 이 장을 저술하는 데 있어서 가장 어려운 점이 우리가 사용하는 언어가 이원성의 경험에서 생겨난 것이라고 다시 말하는 것이 좋을 듯 싶다. 비이원성의 언어는 침묵이다. 침묵은 말과 생각을 초월하는 의사소통이다. 내가 이 책을 쓰면서 경험한 한 가지 문제는 침묵에 관한 내용을 언어로 표현해야 한다는 점이었다. 나는 이원적인 용어로 비이원론에 대해 묘사해야 했다. 이것은 내가 실제로 전하려 의도하지 않았던 인상을 주어 왔다는 의미이다. 예를 들면 내가 참자아와 거짓 자아에 대해서 말할 때에 내면에 이 두 가지 자아가 공존하면서 서로 싸우고 있는 제3자가 있다는 것을 의미한다.

  내가 의미하는 것을 보여주는 두 가지 예를 들려 한다. 이 장 앞부분에서 나는 우리를 참자아로부터 분리하는 심연이 있는 것 같다고 했고, 그 뒤에 "거짓 자아는 우리를 실체의 표면에 붙잡는다"고 했다. 지각력이 있는 독자라면 다음과 같이 질문할 것이다: "우리를 참자아로부터 분리하는 것", 또는 "실체의 표면에 붙잡아 두는 것"이란 누구를 지칭하는 것인가? 내가 언어를 혼란스럽게 하고 있다고 생각하는 것을 막기 위해서 이 이원론적인 또 하나의 예를 머튼의 글을 인용하고자 한다. 머튼은 그의 저서 「사막교부들의 지혜」(*The Wisdom of the Desert*)에서 이집트 사막에서 생활한 교부들의 영적 여정에 대해서 말한다. 그는 내면의 여정이 외부의 공간으로 다니는 것보다 훨씬 더 중요하다고 생각한다. 그렇기 때문에 머튼은 "우리를 자아로부터 분리하는 심연을 건널 수 없다면, 달에 간다고 하더라도 무슨 유익을 얻겠는가?"(p. 11)라고 묻는다. 그가 말하는 바는 우리가 표면적 의식을 깊고 창조적인 무의식의 영역으로부터 분리하는 심연을 건너야 한다는 것이다. 이 심연을 건너야 우리는 참자아가 된다. 이 시점에서 이원론적인 언어는 붕괴된다. 만일 나의 참자아가 그 심연 건너편에 있다면, 그 심연을 건너는 자아는 누구인가? 나는 이 질문에 대답할 수 없다. 실제로 심연을 건너는 일은 없다. 왜냐하면 참자아는 그저 존재하기 때문이다. 머튼은 그것을 이렇게 표현했다:

"당신은 오랫동안 이원성을 경험해야 비로소 이원성이 존재하지 않는다는 것을 알게 될 것이다"(David Steindl-Rast, "Recollections of Thomas Merton's Last Days in the West," *Monastic Studies* [September 1969]).

이것은 하나님께 접근할 때와 마찬가지로, 우리 자신의 참자아에 접근할 수 있는 가장 직접적인 방법은 부정의 길이라는 점을 분명히 해 준다. 하나님에 대한 경험과 마찬가지로 참자아에 대한 경험도 정신적인 것이며 말로 표현할 수 없다. 우리는 과거에 알지 못했던 것을 안다. 그러나 우리가 알고 있는 것은 말로 표현할 수 없고, 입에 올릴 수도 없는 것이다. 이것은 참자아가 지성적인 과정에 의해 접근할 수 있는 대상이 아니라는 말이다. 내가 참자아에 대해 쓴 글을 읽는다고 해도 당신은 자신의 참자아를 알 수 없을 것이다. 참자아는 우리 자신의 주관성으로서, 하나의 대상이나 사물로 알려질 수 없는 것이기 때문이다. 내가 내 눈을 볼 수 없듯이 나의 참자아도 볼 수 없다.

관상기도를 할 때에 나는 추론의 행동이 아니라 주체와 객체라는 이원성을 초월하는 직관의 행동에 의해서 나 자신을 의식하게 된다. 이러한 내적 자아에 대한 경험은 내가 완전히, 그리고 근본적으로 하나님을 의지하고 있음을 경험하는 것이다. 우리가 두 가지 상이한 경험에 대해 말하고 있다고 생각하는 것은 옳지 못할 것이다. 그것은 하나의 동일한 직관으로서, 그 안에서 나는 하나님을 경험하며 하나님 안에서 나 자신의 정체성을 발견한다. 나는 하나님을 발견할 때에 나의 가장 깊은 자아를

발견한다. 머튼은 *The Climate of Monastic Prayer*에서 이것을 훌륭히 표현한다:

> 역설적으로 하나님에 대한 우리의 지식은 우리의 조사 대상인 하나님에 대한 지식이 아니라, 하나님의 자비로우시고 구원하시는 지식에 완전히 의존하는 우리 자신에 대한 지식이다(p. 113).

하나님 안에서 참자아를 발견하는 것은 나의 원래의 정체성으로 돌아가는 것이다. 그것은 우주의 춤으로 다시 들어가는 것이다. 그것은 사랑의 감추어진 근저 안에 있는 모든 것과 하나가 되는 것이다. 머튼이 *The Asian Journal*에서 말한 것처럼, 우리는 하나의 새로운 통일성을 발견하는 것이 아니라, 오래된 통일성을 재발견한다. 우리는 항상 하나였지만, 언제나 하나임을 알고 있었던 것은 아니다. 그러므로 나는 완전한 깨달음을 통해서 과거의 나와는 다른 존재가 되는 것이 아니라 지금의 나가 된다. 나는 마침내 오랫동안 나에게서 감추어져 있던 것을 알게 된다. 즉 내가 누구였으며 누구인지를 알게 된다. 그러므로 머튼은 *The Asian Journal*에서 다음과 같이 말한다.

사랑하는 형제 자매들이여,
우리는 이미 하나입니다.
그러나 우리는 하나가 아니라고 생각합니다.
우리는 원래의 통일성을 회복해야 합니다.
우리는 현재의 우리가 되어야 합니다. (p. 308)

| 제 9 장 |

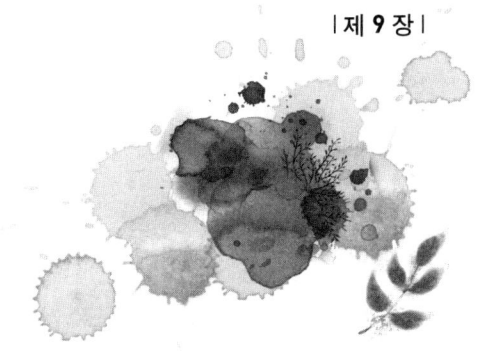

예수 그리스도에 대한 깨달음

"…만유의 주로서 만유 안에 계시려 하심이라"(고전 15:28).

하나님에 대한 깨달음의 분량은 다양하다. 나는 가장 높은 수준의 깨달음을 지칭하기 위해서 "관상"이라는 단어를 사용해 왔다. 하나님에 대한 그러한 완전한 깨달음은 하나님께서 우리에게 주시는 선물이다. "깨달음의 기도"는 다양한 깨달음의 수준을 상징할 수 있으며, 우리로 하여금 그 선물을 받아들이도록

한다. 그것은 믿음을 통해서 이해된 하나님의 현존 안에 존재하는 것이다. 우리는 자신이 하나님의 현존 안에 있다고 믿는다. 깨달음의 기도를 하면서 시간을 보내는 것은 이 믿음이 우리의 마음 깊은 곳에 침투하게 하는 것이다. 우리의 믿음이 자라고, 깨달음이 깊어진다. 이것은 우리로 하여금 하나님이 정하신 때에 관상의 은혜가 우리에게 제공될 때 하나님의 현존을 완전히 경험할 수 있도록 예비해 준다.

비록 이 선물이 우리에게 주어지지만, 결코 영원한 소유는 안 된다. 비록 우리가 완전한 깨달음의 기쁨(하나님과의 완전한 교제, 만물과 하나가 되는 행복)을 맛보았다고 해도, 그것이 항상 우리와 함께 하는 경험은 아니다. 그 경험은 오기도 하고 가기도 하므로, 하나님의 현존에 대한 깨달음의 분량은 순간마다 변화될 것이다(그러나 그것은 우리가 하나님의 현존 안에 거한다는 현실에 조금도 영향을 미치지 않는다. 왜냐하면 사람들이 의식하든지 의식하지 못하든지 간에, 그것은 사실이기 때문이다).

깨달음과 기독론

지구상에 살았던 한 사람이 있다. 그가 드리는 깨달음의 기도는 신속하고 쉽게 관상기도로 변화되었고, 또 그러한 기도는 한 순간의 경험이 아니라 삶의 근본적이고 실존적인 현실이었다. 이 완전한 깨달음의 사람은 기독교인들이 주(主)요 구세주로 믿는 사람, 즉 예수 그리스도이다. 주님은 우리와 같이 인성을 가지고 계시다. 이것은 신약성경과 초기의 교회 공의회들이 대부분 인정하는 사실이다. 4세기에 아리우스주의는 이 사실을 지나치게 강조하여 예수가 인간 이상의 존재라고 말하기를 거부했다.

아리우스주의의 영향

아리우스주의는 기독교 정신의 민감한 부분을 건드렸고, 그로 인한 반작용이 일어나서 이상한 방향으로 발달했다. 크게 걱정하는 많은 신자들은 아리우스파에 반대하여 예수는 단순한 인간이 아니라고 말하는 데서 그치지 않고, 예수를 참된 인간으로 두지 않았다. 아리우스주의에 대한 이러한 과격한 반응은 오랫동안 계속되었고, 서방 기독교에 지속적인 영향을 미쳐 왔다. 전통적인 기독론은 그리스도의 두 본성을 주장하는 칼케돈 교리를 주장한다. 그리스도가 완전한 인성을 소유한다는 사실에 대해서는 전혀 의문이 없었다. 칼케돈 공의회(451년)의 정의는 아주 분명하다: "그는 신성에 있어서 아버지와 동질이시며, 인성에 있어서는 우리와 동질이시다." 그러나 교회에서 기독론이 발달하면서, 예수께서 우리와 함께 공유하시는 인성의 의미는 그의 신성에 파묻히거나 신성의 영향을 너무 깊이 받았기 때문에 그가 우리처럼 실제로 인간이셨다는 것을 이해하기 어려웠다. 그리스도는 육체 안에 있는 하나님처럼 보였다. 그분은 두 가지 상이한 활동 분야-인간적인 분야와 신적인 분야-에서 일할 수 있는 존재로서 등장하신 것 같았다. 마치 무슨 일을 할 때마다 "이번에는 어떻게 활동해야 하는가? 하나님으로서 활동해야 하는가, 아니면 인간으로서 행동해야 하는가"를 결정해야 하는 것 같았다. 이것은 우리가 완전한 인간에 대해서 생각할 때에는 고려하지 않는 것이다.

1940년대 초에 내가 신학교에서 배운 기독론도 여전히 반-아리우스주의 성향을 강력하게 지니고 있었다. 그것의 표현은 지극히 정통적이었고, 모두 옳은 단어만 사용했다. 그것은 예수 그리스도의 신비를 분명하고 간명하게 선포하기를 갈망했다. 그것은 올바른 단어를 사용하여 그 신비를 해결했다고 생각함으로써 되도록 편안하게 신비를 대하려는 인간의 영원한 관심을 표현하는 신학이었다. 이렇게 행한 사람은 신비의 말끔하지 못한 면이 존재하지 않는 체 함으로써 그것과 더불어 평화롭게 생활한다. 정신을 평안하게 하는 이 방법의 문제점은 신비와 더불어 생활하는 데서 오는 큰 가치를 상실한다는 것이다. 신비는 극복되어야 할 장애물이 아니라 하나의 통찰–지속적으로 우리의 생각을 깨끗하게 하지만 결코 신비를 소진시키지 않는 통찰–로의 부름이다.

  신비를 다루는 데 있어서 신학은 쉽게 세 단순화 단계를 지난다. 제1단계는 서로 양립하지 않는 것처럼 보이는 두 가지 진리에 의해서 신비를 표현하는 것이다. 제2단계는 이 두 진리를 모두 인정하는 것이다. 세 번째 단계는 두 진리 중 하나를 강조하고 나머지 하나를 무시하는 것이다.

  내가 배운 기독론의 문제점은 신비를 설명할 때에 (앞에서 언급한 바 반–아리우스주의 성향을 지니고 있는 것과 같이), 위의 단계를 거쳐 결국 세 번째 단계에 이르는데, 이 마지막 단계에서 예수의 신성을 철두철미하게 인정하기 때문에 예수 안에 참된 인성이 많이 남아 있음을 깨닫기 어렵다는 점이다. 예수님은 세상에 사시면서 차츰 자신에게 일어날 것을 모두 아셨다. 만일 자신이 알지 못하는 것(예를 들면 세상의 종말)이 있다고 말씀하셨다면, 또는 자신이 가지고 있지 않은 정보를 구하는 것처럼 보이는 질문을 하셨다면(예를 들면 무리 중에서 한 여인이 예수님의 옷깃을 만짐으로써 병이 나았을 때에 "내게 손을 댄 자가 누구냐?"고 물으신 것), 예수님은 단지 우리를 가르치시며 우리로 하여금 예수님이 정말로 우리와 같은 사람이라고 생각하도록 하시기 위해서 그렇게 가장하고 계신 것이다. 또는 "나의 한 부분(신적인 부분)은 그것을 알지만, 다른 부분(인간적인 부분)은 그것을 알지 못한다"고 말씀하시는 것이다. 그분은 두 개의 컴퓨터 화면을 앞에 두고 계시는데 어느 화면을 보고 있느냐에 따라서 그 사실을 알기도 하고 모르기도 하시는 듯하다. 그분의 인성은 아주 인위적인 인성이었다. 예를 들면 이 기독론에서는 예수께서 어머니의 태에 있을 때부터 주입된 지식과 지복의 직관에 대한 지식을 가지고 계셨다고 주장했다. 이것은 인간으로서의 모험을 시작하는 데 있어서 그리 나쁜 장비가 아니다. 그것은 예수께 베들레헴에서 탄생하신 후에 구유에 앉아서 '뉴욕 타임즈'나 '베들레헴 스타'와 같은 잡지를 읽으셨다는 묘한 말을 정당화하는 신학적 접근방법이었다.

오늘날의 성경 연구와 기독론

과거 30~40년 동안의 성경 연구 결과 신학계에서는 예수가 우리와 같은 사람이라는 말의 의미를 완전히 재발견했다. 예수는 우리와 같은 인간, 고통과 슬픔을 겪은 사람, 배고픔을 알며 먹고 마시는 것을 좋아했던 사람, 어떤 때는 울고 어떤 때는 웃었던 사람이었다. 그분은 가난하고 병들고 학대받는 사람들을 불쌍히 여기며, 학대하는 사람들에 대해서는 분개한 사람이셨다. 그분은 친구들을 사랑하셨고, 자기가 고난을 당할 때에 홀로 내버려두고 떠난 비겁한 동지들로 인해 깊은 상처를 받으셨다. 또 그분은 어떤 때는 말로 기도하셨고(히브리서 5:7에서는 "그는 육체에 계실 때에 자기를 죽음에서 능히 구원하실 이에게 심한 통곡과 눈물로 간구와 소원을 올렸고"라고 말한다), 또 어떤 때는 말없이 기도하셨다. 예수님의 기도를 묘사하는 바 하나님과의 깊은 교제를 우리는 헤아릴 수 없다.

예수님의 기도: 인간적인 경험

우리는 예수님의 기도를 하나의 인간적인 경험으로서 보아야 한다. 목수의 아들이라고 해서 곧바로 널빤지를 켜고 못을 제대로 박는 데 능숙해진 것이 아니라 경험의 학교에서 아버지 요셉의 지도 아래 배워야 했듯이, 예수님이 태어나면서부터 하나님에 대한 깨달음이 완전히 성숙했던 것이 아님을 알아야 한다. 모든 사람들이 그렇듯이, 예수님의 하나님에 대한 깨달음도 성장했다. 신약성경에 묘사된 것처럼 예수는 대단한 인간이셨으므로, 그의 하나님 의식의 성장은 분명 대단한 것이었을 것이다. 어떤 성경 학자들은 예수님의 삶에 있었던 특별한 사건들 안에서 하나님에 대한 깨달음이 성장한 특별한 순간들을 찾아내려고 노력해 왔다. 따라서 그들은 예수님의 세례가 그분이 하나님의 메시아로서의 정체성을 알게 된 순간이었다고 주장하려 한다. 어떤 사람들은 더 나아가 예수는 죽음과 부활의 경험 안에서 비로소 자신이 특별한 하나님의 아들이라는 것을 깨닫게 되었다고도 말한다.

우리 모두는 예수에 대한 신약성경의 묘사를 심리학적으로 고찰하라는 잘못된 조언을 받고 있는 듯하다. 이것이 신약성경 기자들의 의도였거나 관심사였다고 보기는 어렵다. 초대교회가 하나님께서 예수를 일으켜 주요, 메시아로 만드셨다고 가르치고 전파했다는 증거를 제시하려는 것이 그들의 주된 목적이었다(사도행전 2:36 참조). 그들이 제시하는 예수는 특별한 인간이었음이 분명하다. 그의 깊은 동정심, 무조건적인 사랑, 온갖 종류의 궁핍에 처한 사람들을 사심 없이 대하신 것 등은 관상을 통해서 하나님을 보며 "감추어진 사랑의 근저(그는 이것을 '아빠'라는 사랑스러운 명칭으로 부른다) 안에 있는 모든 것과 하나라는" 깊은 의식을 획득한 사람을 암시한다. 예수님의 경우 "깨달음의 기도"는 언제나 완전한 깨달음의 기도였으며, 따라서 그분은 존재하는 순간부터 의식적인 관상자였던가? 이러한 질문에 대답할 자료를 우리는 가지고 있지 않다. 만일 그것이 하나님 및 하나님 안에 있는 모든 것에 대한 참된 인간적 의식이었다면, 일종의 성장 과정을 거쳐야 했다는 것이 내가 원하는 대답이다. 그 성장은 어떤 것이었으며 어떻게 진보했는가 등은 예수 그리스도의 신비가 지닌 매력의 일부이다.

부활과 새 생명

그러나 예수님의 완전한 의식으로의 성장에 대해서 중요한 점을 지적해야 한다. 세상에 사시는 동안 예수님의 자기 정체성의 성장과 발달에 대해 우리가 무엇을 말하든지, 하나님께서 예수를 "다시 살리심"은 그의 신성의 근본적이고 결정적인 변화로 보아야 한다. 그분은 기적적인 방법으로 죽음을 피하거나 면하신 것이 아니다. 그분은 죽음을 직접 경험하셨고, 그것을 넘으셨다. 죽음은 그분을 제어할 수 없었다. 그분의 부활은 그분을 죽음의 다른 측면, 죽어야 할 운명은 없고 생명만 존재하는 측면에 두었다. 죽음의 다른 측면에 있는 생명-예수님이 시작하신 새 생명-은 근본적으로 우리가 알고 있는 인간적인 생명과는 다른 것이다.

부활하신 예수의 새 생명은 그분을 죽음에서 해방시켰을 뿐만 아니라, 죽어야 할 운명의 표식인 인간 실존에 대한 속박으로부터도 해방시켰다. 유한한 실존은 우리로 하여금 주어진 시간과 장소, 불연속적인 순간 안에서 살게 만든다. 우리는 시간과 공간의 죄수들이다. 그러나 부활하신 그리스도의 경우는 다르다. 그분은 더 이상 시간과 공간의 제한을 받지 않으시므로, 어느 시대에나 현존하시며 모든 장소에 거하시는 구주가 되신다.

이 말의 의미를 이 책의 주제-하나님에 대한 깨달음 및 모든 사람, 하나님 안에 있는 모든 피조물에 대한 깊은 의식-와 관련하여 생각해 보라. 부활하신 예수께서 가지신 바 존재하는 모든 것과 하나라는 의식은 모든 실체와 일반적인 방법으로 행하는 교제가 아니라, 나름대로의 특성을 가진 모든 것과의 완전한 교제였다. 구체적으로 표현하자면, 그것은 태초부터 지금까지 살았던 각각의 모든 사람들과의 교제에 대한 심오한 의식이었다. 이것에 대해 말하는 것을 이해할 수 없는 것에 대해 말하는 것이다. 나는 그것에 대해서 말할 때에 나 자신이 무엇을 말하고 있는지 알지 못한다는 것을 인정해야 한다. 언어들은 나를 감동하게 한다. 그것들은 나의 정신에서 모든 생각과 개념들을 비운다. 실제로 그것들은 하나님 안에서만 발견할 수 있는 의미를 나에게 남겨둔다. 혹 어떤 사람은 내가 말하는 것이 예수께서 부활 안에서 하나님이 되셨다는 것이라고 말할 것이다. 실제로 그것은 초기 기독교인들이 예수 부활의 의미를 이해한 방법-그들 가운데 사셨던 분이 하나님이 되셨다는 것-과 그리 다르지 않다. 이것은 베드로가 기독교의 첫 오순절 날에 행한 설교에서 말한 것과 같은 것이다. 그는 사람들에게 "너희가 십자가에 못 박은 이 예수를 하나님이 주와 그리스도가 되게 하셨느니라"고 설교했다. 이 구절을 이해하려 할 때에 "주"를 나타내는 헬라어가 하나님의 거룩한 이름(YHWH)의 헬라어 번역인 *Kyrios*라는 것을 알아야 한다.

  그 당시 이것은 그것을 표현하는 가장 쉬운 방법처럼 보였다. 그들은 자기들 가운데 살았던 이 사람을 알고 있었다. 이제 그들은 그에게서 성취된 변화를 보았으므로, 이 외관상 논리적인 진술은 이 인간이 하나님이 되셨다는 것이다. 그러나 이 말은 하나님의 실재에 대해 조금만 깊이 생각하여도 붕괴될 논리이다. 사람은 하나님이 되지 않는다. 하나님은 그저 존재하신다. 비록 설명할 수는 없지만, 우리는 나사렛 예수가 하나님이 되었다고 말하는 것이 아니라 그가 하나님이라고 말해야 할 필요성을 발견한다. 그의 안에서 인성이 하나님이 되셨다고 말하는 것은 현실성이 없다. 그보다는 하나님이 인간이 되셨다고 말해야 한다. 또는 요한복음의 말을 사용하여 "말씀이 육신이 되어 우리 가운데 거하시매"라고 말해야 한다. 예수의 인간적 깨달음의 절정은 자신이 매우 특이한 의미에서 하나님의 아들이므로 우리가 그를 하나님이라고 말할 수 있다는 깨달음이다.

이것은 우리로 하여금 베들레헴을 생각하게 만든다. 구유 안의 예수는 하나님이었는가? 이에 대해 "아니오"라는 대답은 우리를 이단으로 몰아넣을 것이며, "예"라는 대답은 가장 심오한 신비에 밀어넣을 것이다. 우리는 예수에 대해서는 제대로 말을 하지 못한다. 예수가 신(神)이라고 말하려 할 때에, 그분은 완전히 인간이시므로 우리는 그러한 방법으로 예수에 대해 말할 수 있다. 우리는 예수 안에서 그의 인성을 인간다움을 초월하여 하나님에게로 이끌어가는 인간적인 깨달음의 차원이 성취됨을 본다.

  이것을 신약성경의 언어로 표현하자면, 예수 안에 하나님의 나라가 도래했다. 하나님의 사랑이 그의 생명과 죽음과 새 생명 안에서 완전히 다스리신다. 예수 안에서 하나님과의 하나 됨이 완전히 성취되었으므로, 신약성경에서는 그를 하나님의 아들이라고 부른다. 그의 삶, 특히 죽음 및 부활에서 하나님 나라와 상반되는 모든 것-죄, 이기심, 대립, 파괴적임, 소외-이 다루어지고 근본적으로 극복된다. 그리스도의 십자가는 그의 죽음을 상징하는 동시에 하나님께서 그를 죽은 자들 가운데서 일으키심으로써 인정하는 도장을 찍으신 것을 상징한다. 타락의 이야기에서 세상에 죄와 소외를 초래하고 조화와 일치를 파괴한 동산의 나무는 예수님이 달린 십자가의 나무에서 역전된다. 예수님의 십자가는 세상에 영원한 생명과 참된 하나 됨을 가져온다. 궁극적으로 하나님의 나라에서 완전히 승리하게 될 하나님의 은혜는 이미 하나님의 아들 예수 그리스도 안에서 세상에 근본적으로 현존한다. 낙원으로 돌아가는 길이 계시되었다. 부활하신 예수로 말미암아 모든 실체와의 조화를 이루지만 인간의 소외 때문에 감추어진 하나님과의 하나 됨을 발견할 수 없게 되었다. 이제 인간은 관상적인 깨달음과 그에 포함되는 모든 것을 이해할 수 있다.

새 생명의 공유: 그리스도로 말미암은 구원

신약성경 가르침의 핵심은 예수 그리스도가 "새로운 인간"(즉 스스로 성공하여 우리에게 본보기를 준 사람)의 본보기일 뿐만 아니라, 그 새로운 인간에 대한 원인이 된신다는 것이다(그는 이 원인이 우리 안에 일어나게 하신다). 그는 부활하면서 그의 인성이 하나님 안에 받아들여졌으므로, 그에게는 다른 사람들도 자기와 함께 하나님께로 데려갈 수 있는 힘이 주어졌다. 바울의 표현을 빌리자면, 그는 "많은 형제 중에서 맏아들"이셨다(롬 8:29). (디도서 2장에 기록된 바) 성탄절에 관한 부분에서는 그것을 "모든 사람에게 구원을 주시는 하나님의 은혜가 나타났다"고 한다. 그것은 그리스도 안에서, 그리스도를 통해서 주어진다. 그는 우리를 초대하시며, 또 초대받은 장소로 인도하신다. 그는 우리를 안내하실 뿐만 아니라, 목자가 양을 어깨에 메고 가듯이 우리를 업고 가신다. 구원의 주제를 이 책의 주제로 표현해 보면, 그는 우리를 하나님에 대한 깨달음으로 데려가신다. 그분은 우리를 무의식으로부터 시작하여 다양한 단계의 깨달음을 거쳐 궁극적인 단계, 즉 영원한 관상으로 인도하신다.

"우주의 춤"으로서의 깨달음

앞 장에서 토마스 머튼이 타락 이전의 "원래의 상태"를 우주의 춤-하나님과 조화를 이루며 운행하는 우주 전체-으로 비유했다고 언급했다. 구원을 표현하는 한 가지 방법은 예수 그리스도께서 자기 안에서 그 춤의 조화를 회복하실 뿐만 아니라, 그 우주의 춤 안에서 우리와 우주 전체를 인도하신다는 것이다. 이 비유는 그리스도 안에 있는 우리의 구원을 생각하는 데 효과적이다.

머튼은 「새 명상의 씨」의 마지막 장에 우주의 춤에 대해 기록하면서 의식적으로 영국의 옛 캐롤, "내일은 내가 춤추는 날"을 인용했다. 에드워드 데밍 앤드류즈에게 보낸 편지에서, 그는 그것을 "성육신의 신비 안에서 하나님이 인간과 함께 춤추시는 것에 대한 사랑의 캐롤"이라고 했다. 그 캐롤은 11개의 연으로 이루어져 있는데, 각각의 연에는 다음과 같은 후렴이 따른다:

노래하라, 내 사랑이여, 내 사랑이여,
내 사랑, 내 사랑.
내가 참사랑 때문에 이 일을 행했음을.

처음 두 연은 성탄절과 성육신에 대한 것이다. 첫 연은 다음과 같다:

내일은 내가 춤추는 일이 되리니
나는 내 참사랑이 내 춤의 전설을 보며
내 참사랑을 춤으로 초대하기를 바라노라.

"내 참사랑을 춤으로 초대하라"는 표현이 각 연의 끝에서 반복된다. 이런 까닭에 각 연은 춤추고 노래하라는 초대로 끝이 난다.

두 번째 연도 성육신에 대한 것이며, 춤의 개념은 인류 전체와의 연합이라는 보다 넓은 차원을 취하기 시작한다. 그리고 그러한 연합의 목적은 구원, 즉 우리를 그의 춤, 조화와 일치의 춤, 관상의 춤 안에서 인도하려는 것이었다. 춤을 추라는 초대를 받는 사람이 나의 "참사랑"이라는 것에 주목하라. "참사랑"

은 단수 명사이지만 의미상으로는 복수이다. 그것은 모든 하나님의 백성, 창조 세계 전체이다. 하나님이 지으신 모든 것은 하나님의 사랑의 대상이며, 춤을 추라는 초대를 받는다.

> 그 때에 나는 깨끗한 처녀에게서 태어났고
> 그녀에게서 육체의 본질을 취했다.
> 그리하여 나의 참사랑을 나의 춤에 초대하기 위해서
> 인간의 본성과 결합되었다.

제4연에서는 예수의 세례에 대해 노래한다. 그 때에 성령께서 그에게 눈짓을 하셨고, "내 참사랑을 나의 춤"으로 초대하는 아버지의 음성이 들려왔다. 여기에서 춤은 예수의 춤이며, 하나님은 자기 백성들에게 이 춤에 참여하라고 부르신다. 하나님은 예수를 통해서 구원하기를 원하신다. 우리를 하나님과의 조화와 하나 됨으로 인도하는 것은 예수께서 주도하시는 춤이다.

5연과 6연에서는 예수님의 삶의 어두운 면에 대해서 말한다: 시험, 증오, 배반 등. 마귀는 예수를 설득하여 춤을 주도하는 것을 포기하게 만들려고 온 힘을 기울인다.

마귀는 나에게 돌을 떡으로 만들라고 명령했다.
나로 하여금 참사랑의 춤을 깨게 만들려 했다.

예수님의 사람이 범한 배반의 어둠도 있다. 유다는 연약하고 비틀려 있으며 끊임없이 춤의 리듬을 파괴하려고 위협하는 인간의 상징이다. 유다는 "승진하려는 욕망 때문에" 예수님을 팔면서 함께 간 군사들에게 이렇게 말한다:

내가 입맞추는 사람을 체포하십시오.
그 사람이 춤을 이끌 것입니다.

유다가 예수님의 신분을 드러내기 위해서 동료들에게 주는 표식은 그가 춤의 지도자라는 것이다. 소외와 불화를 만들어내는 어둠의 세력은 일치와 교제를 가져오는 사람과 함께 거할 수 없다. 그들은 그를 붙잡아 죽여야 한다. 따라서 겉으로 보면 죽음과 함께 패배가 임하는 것처럼 보인다. "그들은 나를 채찍으로 때리고 무시했다. 내가 춤을 이끌게 하기 위해서 사형 판결을 내렸다." 이 구절은 그가 춤을 이끌고자 했기 때문에, 또는 그가 춤을 이끌기 위해서 사형에 처해졌다는 의미로 해석할 수 있다. 만일 후자의 의미로 해석한다면, 이 연은 구속의 교리를 구체화한다: 창조의 조화를 회복한 것은 예수님의 죽음이었다. 그의 죽음은 우리와 하나님의 "하나 됨"을 성취한다.

제9연은 예수님의 십자가 처형에 대해 노래하며, 초기 기독교 전통에서 매우 소중했던 주제, 즉 창에 찔린 옆구리에서 예수님이 하나님과 하나로 만드신 사람들의 공동체인 교회가 태어났다는 주제를 제시한다. 옆구리에서 흘린 물과 피는 세례와 성찬-교회를 만들어내며 우리로 하여금 그리스도의 승리를 우리 것으로 삼아 그 안에서 하나님과 하나가 되게 해 주는 성례-을 상징했다.

> 나는 십자가에 달렸고
> 사람들은 창으로 내 심장을 찔렀다.
> 그곳에서 내 참사랑을 춤에 초대하는
> 물과 피가 흘러 나왔다.

10연과 11연에서 이 캐롤은 예수의 승리-춤으로 묘사된 승리-로 끝을 맺는다.

나는 지옥으로 내려갔다.

내 참사랑을 구하기 위해서.

그리고 제삼일에 다시 일어나

내 참사랑과 춤에게로 올라갔고,

그 후에 하늘로 올라갔다.

이제 나는 그곳에서 하나님의 우편에 거하고 있다.

인간이 보편적인 춤에 참여하게 하기 위해서.

내가 이 캐롤에 억지로 의미를 부여하려 하고 있다고 말하는 사람이 있을 수도 있다. 그러나 나는 마지막 절에서 미묘한 변화가 발생한다고 주장하고 싶다. 그것은 예수님이 하나님에게 돌아가는 것에 대해서 말한다. 지금까지 예수님의 춤이었던 것이 "보편적인 춤"으로 변화된다. 이 변화에 어떤 의미가 있을까? 이 "보편적인"(general)이라는 형용사가 새로운 의미를 부여하는가?

내가 영성을 말하고 기록한 것들 중 일부에 대해서 사람들이 제기한 비판에 대해 간단히 논함으로써 이 질문에 접근하려 한다. 사람들은 내가 말하고 기록한 영성은 그리스도 중심의 영성이라기보다 하나님 중심의 영성이라고 말한다. 내가 제시하려고 하는 영성의 접근방법에 대한 이 평가는 옳은 것이라고 생각한다. 그것은 하나님 중심의 영성이다. 나는 모든 영성은 하나님 중심이 되어야 한다고 생각한다. 물론 그리스도 중심의 영성을 말하는 것이 틀린 것은 아니지만, 그것은 영성의 의미를 표현하는 데 있어서 끝에서 두 번째 방법이다. 그것은 영성을 하나의 목표로 묘사하기보다는 하나의 방법(길)으로 묘사하는 것이다. 예수는 하나님의 사람이요, 또 우리의 사람이다. 그분은 우리를 하나님께로 인도한다. 그분은 우리가 "태어나기 전의 원래의 얼굴"이었던 바 하나님에 대한 본원적인 깨달음에게로 우리를 데려가신다. 우리의 영성에 있어서 예수는 가장 중요한 분이지만, 궁극적인 분은 하나님이시다. 그렇기 때문에, 나는 앞에서 다룬 캐롤의 마지막 연에서 예수의 춤이 "보편적인 춤"으로 변화되는 것을 흥미롭게 생각한다. 나는 그것이 하나님의 춤이 된다고 말하고 싶다. 그것은 예수께서는 우리가 관상이라고 부르는 것이며, 또 모든 인간 실존의 최종 목표인 하나님의 현존에 대한 완전한 깨달음을 가능하게 하신다: 하나님에 대한 완전한 의식과 병행하여 임하는 바 하나님과의 하나 됨의 경험. 새로운 인류의 패러다임이신 예수 그리스도는 우리를 사랑하는 어머니이신 하나님에게 데려가신다. 이것은 사도 바울이 고린

도전서 15장에서 말한 것이라고 생각된다. 거기서 바울은 결국 하나님께서 죽음을 포함하여 만물을 그리스도께 복종시키실 것이라고 말한다. 그러고 나서 절정에 이르는 말을 한다.

만물을 그에게 복종하게 하실 때에는 아들 자신도 그 때에 만물을 자기에게 복종하게 하신 이에게 복종하게 되리니 이는 하나님이 만유의 주로서 만유 안에 계시려 하심이라(고전 15:28).

| 제 10 장 |

교회:
깨달음의 사람들의 공동체

"우리는 부활의 성이며, 우리의 노래는 알렐루야이다"

(성 어거스틴).

예수님은 하나님에 대한 완전한 깨달음의 본보기, 우리가 놀랄 수 밖에 없는 신비의 본보기이시다. 그분의 깨달음은 항상 존재하는 깨달음이었다. 그것은 하나님에 대한 의식뿐만 아니라 하나님 안에 있는 모든 실재에 대한 깨달음으로 가득했다.

그분은 우리가 하나라는 것의 의미를 어느 인간보다 더 깊이 경험하셨다.

그러므로 예수님에게 있어서 죽음은 하나님에 대한 완전한 깨달음으로의 이동이 아니었다. 그분은 이미 완전한 깨달음을 소유하고 계셨다. 그분에게 있어서 죽음과 부활의 의미는 그가 새로운 종류의 생명, 그분 안에 신성이 충만하게 존재한다는 것이 분명히 드러나는 불멸의 생명으로 들어가는 것을 의미했다. 하나님에 대한 깨달음이 매우 심오했기 때문에 그분은 그곳에 현존하지 않았다. 하나님만이 현존하셨다.

많은 형제 자매들의 맏아들

예수 그리스도는 이 완전히 새로운 실존 안에서 우리 모두로 하여금 이 충만한 깨달음을 갖게 해 주는 하나님의 도구가 되셨다. 사도 바울이 예수를 "많은 형제 중에서 맏아들"이라고 말한 것, 그리고 그리스도는 교회의 머리요 교회는 그리스도의 몸이라고 말하면서 의미한 것이 이것이다. 그는 모든 피조물과 하나님의 하나 됨, 그리고 그리스도 안에서 값없이 주어진 하나님의 은혜로 말미암아 우리가 이 하나 됨의 의식을 갖는다는 것에 대해서 말하고 있다. 우리로 하여금 하나님과의 하나 됨, 서로와의 하나 됨, 온 세상과의 하나 됨을 경험하지 못하게 하는 삶의 이원성은 그리스도 안에서 극복될 수 있다. 사도 바울의 신학에서 "그리스도 안에"라는 표현은 의미심장한 표현이다. 우리는 고립되어 있는 사람들이 아니라 서로 연합하여 하나가 된 사람들이다. "그리스도 안에"라는 표현은 바울이 "그리스도의 몸"인 교회를 묘사하기 위해서 사용하는 방법이기도 하다. 고린도전서 12장에서 바울은 교회를 묘사하기 위해서 몸의 비유를 들고 있다.

> 몸은 하나인데 많은 지체가 있고 몸의 지체가 많으나 한 몸임과 같이 그리스도도 그러하니라…너희는 그리스도의 몸이요 지체의 각 부분이라(고전 12:12, 27).

그리고 15장에서, 바울은 결국 만물이 그리스도에게 복종할 것이며, 그리스도는 만물을 하나님께 넘겨 하나님이 만유의 주로서 만유 안에 계시게 하려 할 것이라고 지적한다.

교회에 대한 표현

교회를 표현하는 한 가지 방법은, 교회는 자신이 그리스도 안에서 하나님과 하나라는 것을 깨닫고 있는 사람들의 교제라고 말하는 것이다. "하나님을 온전히 안다는 것"이란 "그리스도 안에 있음", 그리고 "교회가 됨"의 완전한 잠재력을 깨닫는 것이다.

서로 사랑하는 부부들은 결혼기념일, 생일, 발렌타인데이 등을 축하하기 위해 외출하기도 한다. 그렇게 기념하는 것은 처음으로 데이트를 한 날, 약혼한 날, 또는 결혼한 날 등 행복했던 기억을 되살리는 계기가 된다. 아마 그들은 밴드나 오케스트라에게 "자기들의 노래", 그들의 관계가 돈독해진 특별한 순간과 관련된 노래를 연주해 달라고 부탁할 것이다. 그 노래를 들으면, 그 순간의 기억과 감격이 되살아날 것이다. 이렇게 어떤 기념일을 축하함으로써 두 사람이 하나라는 깨달음은 새로운 단계에 다다른다.

이 장에서는 우리가 "교회"라고 부르는 실체에 대해서 말하고자 한다. 첫째, 내가 주장하려는 영성-하나님의 현존에 대한 깨달음에 초점을 두는 영성-이 독점된 영성이라고 간주되는 것을 나는 원하지 않는다. 오히려 그 반대이다. 형제 자매들에 대한 절박한 책임의식은 이 영성의 피할 수 없는 결과이다. 둘째, 많은 사람들이 "교회"란 비인격적이며 자기들과는 거리가 멀며 자기들의 일상생활과 그다지 관계가 없는 것이라고 믿으려는 경향을 가지고 있기 때문에, 나는 교회에 대해서 말하려 한다. 셋째, 나는 교회의 참생명은 제도적인 구조 안에 위치하는 것이 아니라 그리스도 안에서의 자신의 정체성 및 상호 하나라는 의식의 증대를 향해 움직이는 하나님의 백성들의 생생한 경험 안에 위치한다는 것을 강조해야 할 필요를 느낀다.

"교회"에 대해서 생각하고 말하는 것은, 교회가 실제로 무엇인지를 이해하는 사람들의 심금을 울릴 것이다. 그들은 교회라는 말을 들으면, 앞에서 언급했던 바 결혼기념일이나 둘만의 특별한 노래가 연주되는 것을 듣는 부부의 느낌과 비슷한 느낌을 받을 것이다. 교회는 우리의 외부에 있는 것이 아니다. 교회는 우리가 하나의 백성으로서 하나님과 누리는 특별한 교제의 관계-사랑한다거나 소중하다는 감정이 일어나는 사랑의 관계-가 되어야 한다.

어거스틴은 기독교 공동체에 대해 "우리는 부활의 백성이며, 우리의 노래는 알렐루야이다"라고 훌륭하게 묘사했다. 먼저는 예수님의 부활, 그 다음에는 예수 안에서 우리 자신의 부활의 경험이 현재의 우리, 사랑하는 그의 백성들을 만든다. 우리는 부활의 경험 안에서 "우리의 노래"를 듣는다. "알렐루야"는 우리의 노래이다. 우리는 그 노래를 들을 때마다 연인들이 서로에게 말하는 것처럼 주 예수님에게, 그리고 서로에게 "그들이 우리의 노래를 연주하고 있다"라고 말할 수 있다.

부활의 경험은 우리에게 아주 중요하며 "알렐루야"는 우리의 노래로서 아주 적절하기 때문에, 우리는 사순절 기간에 부활의 실체를 새롭게 경험하기 위해 준비하면서 사십 일 동안 "우리의 노래"를 포기한다. 실제로 어떤 수도원에서 재(灰)의 수요일 전 날, 알렐루야를 어디엔가 "매장하는" 의식을 거행한다.

이렇게 매년 알렐루야, "우리의 노래"를 포기하는 것은 우리의 죄악됨과 이기심과 태만 때문에 우리의 일부가 죽었다는 것, 그리고 부활절에 우리 중에서 죽었던 부분이 소생하려면 화해와 개심(改心)과 갱신(更新)의 시기를 거쳐야 한다는 것을 상징한다. 그리고 이렇게 소생할 때에 우리는 그리스도 안에서 서로의 교제를 보다 깊이 의식하게 되며, 보다 완전히 부활의 백성이 되며, 다시 "우리의 노래"인 알렐루야를 부를 수 있는 자유를 느낀다. 사순절은 부활의 백성으로서의 우리 자신의 정체성을 새롭게 발견하고 회복하며, 우리가 하나님과 하나이며 서로 하나라는 깨달음 안에서 사는 것의 의미를 보다 완전히 경험하는 시기이다.

우리가 "부활의 백성"이라고 말하는 것의 의미를 살펴보려 한다. 이것은 예를 들면 "강림절의 백성", "성탄절의 백성" 또는 "주현절의 백성"과 같은 호칭들처럼 우리에게 주어질 수 있는 단순한 호칭이 아니다. 이 용어들은 모두 우리를 예수와 결합시키는 실체들을 표현하지만, "부활절"은 이 모든 것들을 포함하는 용어이다. 부활절이 없으면, 우리가 사용할 수 있는 다른 명사들은 전혀 의미를 갖지 못한다. 부활절만이 기독교에게 궁극적인 의미를 준다. 만일 우리가 부활의 경험과 상관없이 자신에 대해서 말하려 한다면, 자신이 실제로 누구인지에 대해서 말하는 것이 아니다.

내가 주장하려는 것은, 교회를 가장 작은 공통 분모로 통분하면 자신의 생각과 인격과 가치관과 삶 전체를 통해서 예수의 부활 및 그것이 의미하는 모든 것을 증언하는 사람들의 공동체가 된다는 것이다.

부활은 교회를 창조한다. 그것은 예수 그리스도가 하나님의 우편에 계시다는 것, 따라서 우리에게 하나님의 성령을 보내실 수 있다는 것을 의미한다. 우리는 이 하나님의 성령을 받을 수 있고, 부분적으로나마 예수께서 완전히 들어가신 새 생명에 들어가기 시작할 수 있다. 우리는 하나님에 대한 예수의 깨달음 안으로 들어간다. 어느 날 우리의 나머지 부분 모두가 하나님의 것이 될 것이며, 우리는 자신이 하나님 안에 있다는 것을 완전히 경험하게 될 것이다. 현재, 예수의 부활은 그를 따르는 우리를 하나님과 하나 됨이라는 완전히 새로운 관계 안에 두었다. 달리 표현하자면, 항상 존재해 왔던 하나 됨을 새로 깨닫게 해 주었다. 이제 우리는 아직 초기 단계에 불과하지만 의식적으로 그리스도의 생명에 참여한다. 요한은 "우리가 지금은 하나님의 자녀라 장래에 어떻게 될지는 아직 나타나지 아니하였다"고 말한다. 이것은 신약성경에 있는 중요한 말씀 중 하나이다. 이 말씀은 유충에게 "너는 장차 나비가 될 것이다"라고 말하는 것과 같다. 유충은 나비가 된다는 현실을 이해하지 못한다. 아마 나비가 된다는 것이 무엇을 의미하는지 상상도 할 수 없을 것이다. 그러나 결국 그 일이 일어날 것이며, 이 하나님의 피조물은 지금까지 생각도 하지 않았던 새로운 종류의 실존으로 들어갈 것이다. 우리의 경험도 이와 비슷하다. 우리는 지금 하나님의 자녀이지만(우리는 이미 하나님의 현존에 대한 어떤 깨달음을 가지고 살고 있다), 장차 나타날 완전한 의미는 이해하지 못한다.

비록 우리는 예수 부활의 생명에 들어가는 것의 완전한 의미를 알 수 없지만, 우리가 소유할 수 있는 지식을 사용하여 두 가지 질문을 할 수 있다. 첫째 질문은 "부활의 백성이라는 것은 무엇을 의미하는가?"이다. 둘째 질문은 "부활의 백성으로 산다는 것은 무엇을 의미하는가?"이다. 우리는 이 두 가지 질문을 결코 이해할 수 없을 수도 있지만, 이 두 질문은 예수를 따르는 사람들이라면 "그분은 부활하셨습니다"라는 메시지를 듣고 믿는 순간부터 씨름해야 하는 근본적인 질문이다.

믿음, 도덕, 영성

부활의 백성이라는 의미에 관해 기독교 공동체가 고찰한 것은 소위 교리라고 하는 것으로 공식화되었다. 부활의 백성으로 사는 것의 의미에 대한 고찰은 도덕 또는 기독교 도덕이라는 것으로 공식화되었으며, 그 도덕을 보강하고 활력을 부여해 주는 정신을 기독교 영성이라고 부른다.

교회의 교리는 부활하신 주 예수, 하나님, 교회 및 교회의 지체인 우리들, 성례전 등에 대한 진리들의 총체이다. 우리는 이처럼 신앙과 관련된 것들에 대해 고찰한 것들을 추가해 왔으며,

때때로 우리가 추가한 것들은 우리의 이해를 풍부하게 해주기도 했다. 그러나 교회사에서 신앙에 대한 우리의 이해가 굳어져서 기독교인인 우리가 소유하고 있는 경험과 그다지 관계가 없는 것처럼 보이는 공식들이 되기도 했다. 예수께서 자기를 따르는 사람들에게 성령을 보내신 한 가지 이유는 우리를 그러한 건조한 시기, 즉 우리가 믿는 것을 표현한 말이 실제의 삶과 전혀 또는 거의 관계가 없는 것처럼 보이는 시기에서 이끌어 내시기 위해서였다.

그러나 우리가 자신의 존재에 대해 믿고 있는 바를 고찰함으로써 나오는 교리들 외에, 신앙생활을 하는 방법으로부터 나온 고찰들도 있다. 우리가 복음의 부름과 도덕을 실천하기 위해서 노력할 때에, 복음과 상충되는 것처럼 보이는 행동 방법, 그리고 복음의 부름에 응답하는 책임 있는 방법처럼 보이는 행동 양식이 나타난다. 복음과 일치하는 행동 방법과 그렇지 않은 행동 방법을 파악하기가 비교적 쉬운 경우가 있다. 다른 경우는 그렇지 못하다. 즉 우리가 의심을 갖고, 그것에 대한 만족할 만한 답을 구하면서 사는 때도 있다. 우리가 의심을 갖고 살아가며 불편해하고 무엇이든지 지금 당장 답을 구해야 한다고 고집하고 있지만, 그래도 이러한 불편이 잘못된 답을 얻는 것보다는 낫다. 종종 이처럼 어떤 대가를 치르고서라도 즉각적인 해답을 얻고자 하는 욕구 때문에 복음과 예수 그리스도에 대한 참되고 성실한 충성을 희생해야 할 때도 있었다.

교회에 주어진 선물들

신약성경

기독교 공동체가 교회사에서 등장하여 존속해 오면서, 그 공동체가 믿는 것을 반영하는 것과 알렐루야를 그들의 노래로 부르는 부활 백성의 신분에 충실하기 위해서 어떻게 행동해야 하는지 반영하는 데 도움이 될 하나님의 특별한 선물이 주어졌는가? 그것을 두 가지로 언급할 수 있을 것이다. 첫째는 초기 증인들-이들은 예수께서 세상에 계실 때에 함께 지냈으며 부활하신 주님을 본 사람들-의 전파와 가르침이 성문화되면서 점진적으로 등장한 신약성경이다. 그리하여 성경은 일종의 규범, 부활하신 예수를 사랑하고 충성하는 부활 백성의 의미에 대한 이해를 측량하는 기준이 되었다.

리더십

또 하나의 특별한 선물은 성령의 지도 하에 공동체로부터 선출된 일련의 지도자들이다. 물론 이들은 공동체에 속한 사람들을 지배하기 위해 선출된 것이 아니라, 섬김의 권위를 실천하기 위해서 선출된 사람들이다. 그들은 공동체를 섬김으로써 지도해야 했다.

교회 내에서 권세자가 전체 공동체를 섬기는 방법의 하나는 기독교 공동체의 경험에서 나온 것들을 취하며, 그 경험을 공식화하여 부활의 백성이라는 의미를 이해하는 데 도움이 되는 교리와 도덕적인 규범으로 만든 것이다. 물론 그러한 공식에는 한계가 있었다. 왜냐하면 단어들로는 부활의 백성에게 그것이 의미하는 바를 일상생활에서 구체적으로 표현할 수 없었기 때문이다.

처음부터 이렇게 교회 안에서 권위가 발달하는 것은 성령께서 복음의 진리 안에 공동체 전체를 보존하시기 위해서 공동체에 속한 일부 회원들을 사용하시는 방법이었기 때문이었다. 그러나 교회는 권위자들 공동체의 나머지 사람들에게는 개방되지 않은 방법으로 진리에 접근할 수 있다고 주장하는 듯한 영지주의를 경계했다. 성령은 교회 전체에게 역사하신다고, 즉 남녀 모든 신자들 가운데서 활동하신다고 분명히 이해되었다. 이런 까닭에 교회의 가르침-신앙, 도덕, 또는 영성 등에 관한 것들-을 표현해야 하는 사람들은 교회 전체의 경험을 참작해야 했다.

결론

"그 이전이나 이후와 연결되지 않은 채 고립된 강력한 한 순간이 아니라, 매 순간 안에서 타오르고 있는 일생"
(T. S. 엘리오트).

아빌라의 테레사에 대한 이야기에서 완전한 거룩에 이르는 신속한 길을 찾고 있는 어느 신실한 사람이 이 갈멜회 수녀에게 "당신은 분심이 없이 잘 기도하십니까?"라고 물었다. 테레사

수녀는 "당신은 내가 어떤 사람이라고 생각하십니까? 성인이라고 생각하십니까?"라고 퉁명스럽게 대꾸했다.

이 책에서 말 없는 기도를 설명하기 위해서 많은 말을 해 왔다. 나는 말뿐만 아니라 생각, 이미지, 개념, 관심, 근심, 걱정 등 우리의 정신과 마음을 어지럽히는 것이 없이 드리는 기도, 즉 우리들의 의식이 하나님으로 가득하게 하기 위해서 우리 자신을 비우려고 노력하는 기도에 대해 말해 왔다. 이런 식으로 기도하려고 노력해 온 사람들은 위에서 말한 아빌라의 테레사의 대답을 이해할 수 있을 것이다.

말, 개념, 이미지 등을 초월하는 이 기도의 최고의 형태는 관상기도이다. 이 기도를 하는 사람은 완전한 깨달음 안에서 하나님을 경험한다. 관상이란 하나님을 하나의 대상으로 알거나, 자신을 주체로 아는 것이 아니다. 그것은 어느 사물에 대한 깨달음이 아니라, 나의 주관성이 하나님의 주관성과 하나가 되는 순수한 깨달음이다. 내가 모든 실체의 감추어진 사랑의 근저이신 하나님과 분리되지 않았다는 것은 단순한 신학적 명제가 아니다. 그것은 실체를 바라보는 완전히 새로운 길을 나에게 열어주는 개인적인 경험이 된다. 이제 나는 영적 인종차별의 희생자가 아니다.

이 책은 관상자가 되는 방법을 가르치려는 책이 아니다. (그러나 나는 우리가 깨닫지는 못하지만 존재의 깊은 곳에서는 관상자들이라고 지적한 바 있다.) 나는 관상자가 되는 방법을 가르치는 것은 천사가 되는 방법을 가르치는 것만큼 쉬울 수도 있다는 토마스 머튼의 말을 기꺼이 받아들인다. 그러나 머튼도 지적했듯이, 우리는 관상적인 경험이 임할 때에 그것을 받아들일 수 있다. 이 책의 목표는 관상을 준비하는 효과적인 방법이라고 생각되는 것을 제시하려는 것이다. 나는 "깨달음의 기도"라고 부르는 방법을 제시해 왔다. 깨달음의 기도는 매일 홀로 침묵하면서 시간을 보내려고 노력하는 것에서부터 시작된다. 이 시간은 우리의 정신과 마음을 어지럽게 하는 모든 것을 내려놓는 시간이다. 그것은 우리의 침묵을 불로 경험하는 것이다. 때로는 우리가 나아가야 할 길을 지적해 주는 따뜻한 불로 경험하고, 때로는 우리에게서 하나님에게 속하지 않는 모든 것을 비워 그 비움 안에서 하나님의 충만으로 가득 차게 하기 위해서 소멸하는 불로 경험한다.

우리의 삶은 분주하기 때문에 우리의 시선과 관심을 붙잡고 있는 것들을 내려놓는 일은 쉽지 않을 것이다. 분심도 자주 일어날 것이다. 분심 때문에 낙심할 수도 있지만, 그로 인해 기도를 포기해서는 안 된다. 그처럼 우리가 시험을 받는 순간은 곧 우리 자신에게 테레사의 질문, "당신은 내가 어떤 사람이라고 생각하십니까? 성인이라고 생각하십니까?"라는 질문을 해야 하는 순간이다.

우리가 계속 이러한 기도를 실천한다면, 우리 삶에서 변화가 일어나기 시작할 것이다. 처음에는 "기도를 하는 것"에 바쳐진 삶의 짧은 단편으로 시작되지만, 계속하다 보면 우리의 존재, 우리의 행동, 우리의 생각하는 방법에 영향을 미치는 생활 방식이 된다. 많은 문제, 난처한 일, 어려운 일, 근심거리(개인적인 것과 사회적인 것) 속에서 내적인 평화와 침묵이 자라기 시작하는 것을 발견할 것이다. 하나님 안에서 나의 자매들과의 하나 됨에 대한 깨달음이 깊어짐에 따라, 내가 그들을 대하는 방법은 보다 온유하고 사랑스러워진다. 사회 안에서 연약한 사람들, 상처 입기 쉬운 사람들, 착취당하는 사람들을 우선적으로 배려하게 된다. 특히, 이 순간에 주어지는 은혜가 가득한 기회들에게 동조할 것이다. 나는 과거를 돌아보거나 미래를 내다봄으로써 지금 존재하는 것의 아름다움-"매 순간 속에서 타오르는 일생"-에 대한 집중이 분산되는 것을 허락하지 않을 것이다. 나는 꽃을 볼 때에는 실제로 그 꽃을 보며, 하나님 안에서 그 꽃을 볼 것이

다. 어느 선사(禪師)는 그것을 훌륭하게 표현했다:

> 한 송이 꽃이 말없이 피어나며
> 침묵 속에서 진다.
> 그러나 지금 여기, 이 순간, 이 장소에서
> 그 꽃 전체
> 세상 전체가 피어나고 있다.
> 이것은 꽃, 꽃이 피는 데 대한 진리의 이야기이다.
> 영원한 생명의 영광이 여기에서 빛나고 있다.
>
> - Zenkai Shibayama, *A Flower Does Not Talk*, 205

나에게 "이러한 기도가 효과가 있습니까?"라고 질문하려는 사람도 있을 수 있다. 이 책을 읽은 후에 이 기도가 효과가 없다는 것을 알고 저자에게 손해배상 소송을 염두에 두고 하는 질문이라면, 이 질문은 기분 나쁜 것이다.

나는 이러한 질문을 하는 사람이 아직 이 책을 읽지 않은 사람이기를 바란다. 만일 이러한 질문을 하는 사람이 이 책을 읽은 사람이라면, 자신의 질문이 잘못된 것임을 확실히 깨달을 것이다. 그것은 "삶은 효과가 있습니까? 사랑은 효과가 있습니까? 진리는 효과가 있습니까?"라고 질문하는 것과 같을 것이다. 삶, 사랑, 진리 등은 우리가 결과를 얻기 위해서 행하는 것이 아니다. 그것들은 우리가 누구인지를 정의하는 데 여러 가지 방법으로 도움을 주는 실체들이다. 따라서 깨달음의 기도는 우리가 (눈으로 식별할 수 있는 결과를 성취하기 위해서) 행하는 것이 아니라, 우리가 존재하는 곳이다. 우리는 자신이 하나님 안에 있음을 깨닫는다. 우리는 자신이 사랑 안에 있음을 깨닫는다. 우리가 깨닫기 때문에, 깨달음이 우리를 새로운 방법으로 행동하는 다른 사람으로 만들기 때문에 우리에게 여러 가지 일이 발생할 것이다. 그러나 우리는 이러한 새로운 방법으로 행동하고자 하여 깨달음의 기도에 의지하는 것이 아니다. 실제로 우리가 어느 수준의 깨달음, 즉 하나님에 대한 깨달음, 사람들에 대한 깨달음, 그리고 하나님 안에 있는 온 세상에 대한 깨달음에 도착하지 않는 한 새로운 방법의 존재와 행동에 대한 참된 이해에 이르지 못할 것이다.

이러한 종류의 기도는 진지하게 다루어야 한다. 어떤 어려움도 참아내야 한다. 동시에 지나치게 걱정해도 안 된다. 그리고 영적으로 무엇인가를 성취하려는 욕망에 따르는 강박감을 피해야 한다. 그것은 잘못된 목표 설정이다. 이 책에서 여러 번 언급했듯이, 기도할 때에 우리는 이미 하나님 안에 있기 때문에 어디에 도착할 필요가 없다. 그저 자신이 하나님 안에 있다는 것을 깨닫기만 하면 된다. 게다가 영성생활에서 진보하려는 욕망은 우리로 하여금 자기 자신 및 하나님과의 하나 됨을 실현하려는 노력에 주의를 집중하게 만들기 때문에 참된 깨달음을 방해하는 요소가 될 수 있다. 다음의 이야기를 참고해 보라. 어느 젊은 학생이 스승에게 물었다. "깨달음을 얻으려면 얼마나 걸릴까요?" 스승은 "열심히 하면 5년이 걸리고, 아주 열심히 하면 20년이 걸릴 것이다"라고 대답했다. 시편 기자는 "여호와여 영광을 우리에게 돌리지 마옵소서 오직 주는 인자하시고 진실하시므로 주의 이름에만 영광을 돌리소서"(115:1)라고 노래했다.

특히, 기도에 접근하는 방법은 단순해야 한다. 뉴욕 주 로체스터 시에서는 여러 해 동안 고속도로 정체를 해결하기 위해 노력해 왔다. 이곳은 "벌레들이 우글거리는 깡통"이라고 불리는 대단히 복잡한 지역으로서 동서남북으로 달리는 자동차들이 교차하는 지점이다. 과거에는 사람들이 매우 조심해야만 무사고로 통과할 수 있었다. 만일 원래 그곳을 건설할 때에 지금처럼 동서로 달리는 자동차들과 남북으로 달리는 자동차들이 서로 교차하지 않도록 설계했다면, 사태는 훨씬 간단했을 것이다.

때때로 우리도 자신의 영성을 에워싸고 있는 "벌레들이 우글거리는 깡통"을 헤치고 나아가야 한다. "깨달음"이라고 표시된 길은 복잡하지 않고 단순하다. 우리는 그 길을 따라 자신이 하나님 안에, 그리고 존재하는 모든 것 안에 있다는 깊은 의식에 이르러야 한다. 이것이 인생의 목표요, 새로운 삶의 시작이다. 우리는 참된 존재가 될 때에 비로소 진정으로 살기 시작한다. 우리는 지금 여기에서 완전하게 살면서, "매 순간 속에서 타오르는 일생"을 경험한다.

부록

깨달음의 기도 실천방법

　사람들이 나에게 "깨달음의 기도"에 대해 보다 자세하고 구체적으로 설명해 달라는 요청에 따라 나는 여기에 부록을 추가하지만, 이것을 쓰는 데 있어 다소 염려가 있음을 자백해야겠다. 나의 불편한 점의 근거는 혹 내가 침묵기도에 대한 방법을 언급하지나 않나 하는 걱정이다. 이것은 나의 의도와 동떨어진 것이다. 여기서 언급하는 것은 한 사람의 의견에 불과한 것으로서, 유용한 점이 있다고 한다면 다른 사람이 이용하여도 좋다. 우리의 기도는 엄격하고 지나칠 정도로 형식적이 되지 않으며 자발적이며 사랑하는 것이 되어야 할 것이다. 각 사람들(최소한 이 기도에 관심이 있는 사람들)은 자신에게 가장 맞는 기도 "방법"을 배워야 한다. 이런 전제 하에, 그리고 내가 말하고자 하는 바

를 토마스 머튼의 글로써 입증하면서 다음을 제안하는 바이다.

1. 고요히 침묵할 수 있는 시간-가능하다면 매일 같은 시간에 15분에서 30분 정도-을 만들라. (가끔 이러한 분위기가 전혀 가능하지 않더라도 오직 최선을 다하라.)

2. 정신과 마음을 가라앉히기 위해, 맑고 신선한 공기를 들이마시고 텁텁하고 더러운 공기를 내뱉으면서 한동안 천천히 깊은 호흡을 하라. 그러고 나서 이 책 처음에 적힌 짧은 기도를 모두 혹은 하나만 가지고 기도드린다. 예를 들면 2장에서 언급된 "당신의 현존 안에 살도록 도와주소서"라는 기도를 바친다.

3. 부드럽지만 단호하게 말들과 생각들을(비록 하나님에 대한 생각들까지도), 그리고 마찬가지로 염려와 걱정과 근심을 (적어도 이 짧은 시간 동안이라도) 버려두라.

4. 지금 사랑의 현존 안에 있다는 것이 의미하는 것, 즉 하나님

의 현존 안에 있다는 것을 믿음으로 알면서 오직 고요하도록 힘쓰라. 그 현존의 침묵 가운데 편히 쉬라. 그냥 거기에 머물라. 무엇인가 해야 할 일이 있다고 생각하지 말라.

5. 주의가 산만해지면(분명히 그럴 것이다), 할 수 있는 한 방해거리들을 고요히 그대로 두라. 방해거리가 남아 있거나 사라졌던 방해거리들이 다시 돌아온다고 하더라도 당황하지 말라. 왜냐하면 그럼에도 불구하고 여전히 하나님의 현존 안에 있기 때문이다. 이 방해거리를 처리하기 위해 세 가지 짧은 기도 중에서 선택했던 기도를 다시 외우거나, 내면의 고요와 침묵으로 돌아가는 데 도움이 될 수 있는 기식(호흡)을 다시 할 수도 있다. 그러나 방해거리에 대해 너무 안달하지 말라.

6. 주기도문이나 좋아하는 시편이나 자발적으로 나오는 찬양과 감사로써 마무리하라.

7. 하루의 다른 시간에 세 가지의 "깨달음의 기도" 중 하나로

기도하는 습관을 들이거나 혹은 의식의 표면에 더 가깝게 표출되는 "하나님을 깨달음"을 유지하는 방법으로서 호흡기도를 드리는 습관을 들이도록 하라.